어학연수 가지 마라

어학연수 가지 마라

글로벌 인재를 위한 종합 매뉴얼

안홍석 지음

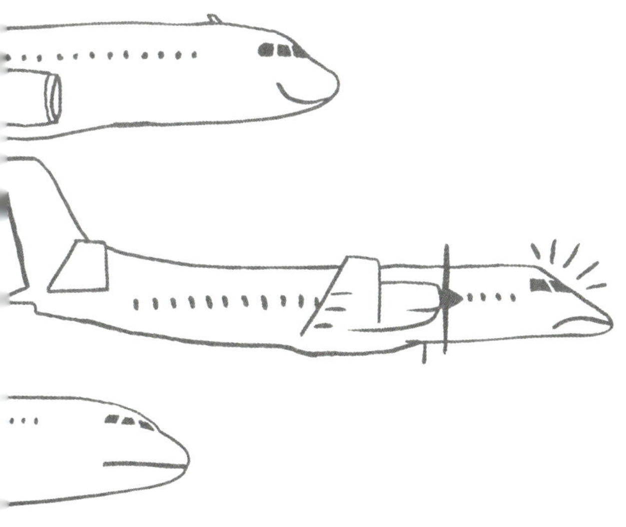

이큰

커리어와 유학 상담을 하면서, 그리고 강의를 나가면서 그동안의 경험을 바탕으로 솔직한 이야기를 해주려고 노력하다 보니 많은 젊은이들과 깊은 대화를 나눌 수 있었다. 그동안 누구에게도 이야기하지 않았던 고민을 털어놓는 모습들을 보면서 솔직하게 대해주는 것이 고맙기도 하고, 한편으로는 조언을 구할 만한 사람이 마땅치 않은 많은 이들의 현실이 안타깝게 느껴지기도 한다. 앞으로 전개될 이야기들은 대화를 통해 느낀 것들을 가급적 있는 그대로 여러분께 전달하는 것임을 미리 밝힌다. 솔직하게 쓰려다 보니 다소 민감한 부분도 있었지만, 이런 내용들 역시 가감 없이 쓰기로 결심했다.

상담을 할 때마다 느끼는 점은 '어떤 비전을 가지고 살아야 할까' '그리고 어떻게 살아야 내 인생이 행복할까' 등과 같은, 인생을 살아가는 데 있어 가장 중요한 질문들에 대한 진지한 고민이 부족하다는 것이다. 이와 같은 문제에 대해 많은 지면을 할애하고, 독자들과 고민을 함께 나누길 원한다. 크게 보면 한국 사회 전체의 문제이기 때문이다. 다만 커리어에 대한 내용은 개인이 가진 능력이나 처한 환경에 따라 차이가 있으므로, 보는 관점에 따라 시각의 차이가 있을 수 있음을 전제로 한다. 객관성을 높이기 위해 현업 담당자들과의 인터뷰, 해외 취업이나 새로운 커리어 기회 등에 지면을 많이 할애했다. 남들보다 조금은 더 알고 있는 부분이라고 생각하기 때문이다. 이 책이 올바른 커리어와 희망찬 인생을 설계하는 데 조금이라도 도움이 되었으면 하는 바람이다.

들어가며

CONTENTS

들어가며 _004

1. 새로운 게임이 시작된다

01 인력 시장의 급격한 변화 _011
02 학벌의 비중은 점차 낮아진다 _018
03 글로벌 인재의 정의 _024
04 영원한 숙제 외국어 _029

2. 세상은 넓고 할 일은 많다

01 해외에서 경험을 쌓고 싶다? _037
02 어떤 사람이 해외 취업에 유리한가 _048
03 해외 취업 시 지양해야 할 것 _054
04 해외 취업 확률을 높이는 방법 _059
05 미국 이외 지역의 취업 _080
06 해외에서도 네트워킹은 지속하자 _087

3. 어학연수, 가지 마라

01 영어가 늘지 않는다 _091
02 MASTER OF SCIENCE 과정 소개 _095
03 분야별 학위 과정 및 관련 커리어 _106
  ❶ ACCOUNTING / TAXATION _107
  ❷ ACTUARIAL SCIENCE / STATISTICS _115
  ❸ FINANCE / QUANTITATIVE FINANCE / ECONOMICS _116
  ❹ HUMAN RESOURCE MANAGEMENT _125
  ❺ MARKETING _127

❻ STRATEGY / MANAGEMENT _136

❼ SUPPLY CHAIN / LOGISTICS _140

❽ INFORMATION TECHNOLOGY _142

❾ DESIGN / ENTERTAINMENT / MEDIA _143

❿ REAL ESTATE _149

⓫ HEALTHCARE _153

⓬ ENERGY _157

⓭ PERSONAL FINANCE _160

4. 이력서와 인터뷰는 이렇게 준비한다

01 이력서 작성 노하우 _165

02 인터뷰 가이드라인 _172

❶ 인터뷰 이전 _174

❷ 인터뷰 도중 _175

❸ 인터뷰 이후 _183

❹ 자주 나오는 인터뷰 질문 _186

5. 성공적인 커리어를 위해

01 명확한 비전을 세우자 _191

02 잘할 수 있는 것에 집중해라 _201

03 자격증과 유학에 관한 조언 _206

04 자발적인 태도, 생각하는 습관 그리고 절실함 _212

마치며 _221

1

새로운 게임이 시작된다

1

인력 시장의 급격한 변화

2009년 겨울, 아침부터 전화벨 소리가 귓전을 때린다. 예상대로 고객사의 인사 담당자였다. "안 대표님, 오늘 사무실 좀 방문해주세요. 급한 채용 건이 생겼습니다!" 급한 채용 건이라고 할 때는 국내에서는 찾기 어려운 인재를 찾아야 하는 경우가 대부분이다.

"이번에 찾아주셔야 할 인재는 저희 회사의 해외 마케팅 업무를 담당할 사람입니다. 자격 요건은 해외의 유명 소비재 회사에서 브랜드 매니저 경력을 쌓은 사람으로, 영어가 능통해야 하며……." 인사담당자가 자세한 설명을 해주지만, 귀에는 들어오지 않는다. 어차피 회사가 원하는 후보자의 정확한 스펙은 이메일을 통해 확인하면 된다. 내

머릿속은 '어디에서' '어떻게' 이런 인재를 찾느냐에 대한, 방법의 문제로 복잡하다.

뿐만 아니다. 과연 해외에서 관련 경험을 쌓아온 한국인이 얼마나 될까? 어느 정도 수준으로 조건을 맞춰줘야 이런 인재가 한국에 올까? 대개는 연봉 이외에도 머무를 아파트에, 차량, 그리고 자녀 교육비 지원까지 요구할 것이다. 해외 인재를 채용해본 경험이 있는 인사과 직원은 "국제 학교는 학비가 장난이 아닌데……" 라며 걱정부터 하기 시작한다. '이참에 나도 몇몇 헤드헌팅 회사들처럼 고객사에 인련 서치를 위한 선수금을 요구해볼까?' 라는 생각이 들기도 한다. '나만큼 해외 인력 네트워크가 넓은 헤드헌터가 얼마나 되겠어?' 라는, 약간의 자부심과 자만심이 뒤섞인 채로 말이다.

실제로 회사에서 갑작스럽게 해외 인재를 찾아달라는 의뢰를 받으면, 챙겨야 할 일이 한두 가지가 아니다. 인력을 서치하기 위해 다양한 해외 채널을 가동해야 함은 물론이고, 경력이 좋은 인재일수록 여러가지 조건을 협상해야 하는데, 회사와 후보자 양쪽의 조건을 중간에서 절충한다는 게 보통 어려운 일이 아니다. 아니나 다를까, 전방위로 안테나를 돌려 힘들게 찾은 후보가 요구하는 조건들이 만만치 않다. "XX,000 달러에 자녀 교육비, 그리고 아파트 전세비를 지원해주시길 원합니다. 직급은 임원이면 좋겠는데, 한국에선 나이를 고려하는 것을 아니까 직급은 고려해보겠습니다."

회사에서 금전적인 부담을 느낄 정도의 조건을 요구하는 경우, 인

어학연수, 가지마라

력 시장에서 선호하는 인재라는 것은 고객사와 후보자 그리고 헤드헌터 모두 잘 알고 있다. 톱 스쿨 MBA 졸업자도 연봉을 후려치고 '올 테면 오고 싫으면 마라'라는 식의 고압적인 태도를 보이던 고객사가 이번만큼은 어쩔 수 없이 후보자의 요구 조건을 최대한 맞춰주려고 노력하는 분위기이다. 이 후보자는 글로벌 기업의 마케팅 매니저로도 오퍼를 받은 상태이므로 확실히 여유가 있어 보인다.

이와 같은 상황은 앞으로 우리가 맞닥뜨리게 될 고용 시장의 변화 이다.

대학생 시절 "앞으로는 글로벌 시대이고 여러분의 경쟁자는 국내 가 아닌, 전세계의 프로페셔널들이다. 여러분은 이런 흐름에 대비해 야 한다!"와 같은 이야기들을 귀가 아플 정도로 들었다. 돌이켜보면 이런 말들이 귀에 쏙 들어올 정도의 눈에 띄는 변화는 없었던 것 같 다. 하지만 요즘은 시간이 갈수록 겁이 날 정도로 실감이 난다. 글로 벌 인재가 고용시장에서 대접 받는 시대가 한국에도 본격적으로 열린 것이다.

최근 고객사로부터 요청받은 포지션 중 몇 가지만 간단히 소개하겠 다. 이것을 읽는 순간 위에서 밝힌 내용들이 모두 사실이라는 것, 그 리고 쉽게 넘어갈 일이 아니라는 점을 확실히 느낄 수 있을 것이다.

하나는 환경 규제와 관련된 협상가(negotiator)였다. 이산화탄소 관 련 규제가 늘면 국가별로 쿼터를 받게 되고, 제한된 양 이상의 이산화 탄소를 배출하게 되면 다른 국가에서 남아도는 쿼터를 사와야 한다.

제1장 새로운 게임이 시작된다

따라서 쿼터에 여유가 있는 청정 국가들을 대상으로 가격을 협상하는 업무였다. '세상에 이런 경험이 있는 사람이 있기나 한 걸까?'라는 생각을 한 순간, 고객사는 내게 인력 서치에 도움이 될 것이라며 해당 사업을 하고 있는 몇몇 회사를 알려주었다. 이후 환경 관련 인재들, 예를 들면 풍력 설비 관련 기술을 가진 엔지니어를 해외에서 스카우트 해달라는 오퍼를 심심치 않게 받는다.

다른 하나는 해외 엔지니어 채용에 관한 건이다. 고객사의 공장 가동에 큰 문제가 생겼는데 문제의 원인을 진단할 수 있는 엔지니어가 국내에는 없었다. 고객사는 일본에 해당 기술을 가진 엔지니어들이 있다고 했고, 그 중 한 명과 연결이 되긴 했지만, 한국 회사로 이직할 생각은 없다고 했다. 결국 주말에만 한국에 와서 이상이 있는 부분을 봐주는 조건을 제시했는데, 시간당 임금을 따져보니 억대 연봉에 해당하는 금액이었다. 물론, 공장을 짓는 데 수백억 원을 투자한 회사 입장에서는 기꺼이 지불할 수 있는 연봉 수준이었다.

또 다른 하나는 석탄에서 석유를 만드는 엔지니어를 찾는 고객사의 의뢰였다. 남아프리카공화국에 석탄을 석유로 전환시키는 기술을 가진 회사가 있다는 사실을 알고 있었지만, 고객사는 중국인 엔지니어를 찾아달라는 요청을 했다. 우리가 후진국이라고 생각하고 있는 중국에 이런 고급 기술을 가지고 있는 엔지니어들이 있다. 수많은 중국인들이 미국 유명 대학에서 박사 과정을 밟고 있음을 감안하면 첨단 기술 분야에서 중국이 선도자가 될 잠재력은 충분하다.

위의 사례를 통해 우리가 알아야 할 것은, 고객사들은 채용하고자 하는 인력이 어디에 있는지를 이미 잘 알고 있다는 사실이다. "어떤 국가, 혹은 어떤 기업을 조사해보면 해당 기술을 가진 인재가 있을 겁니다"라고 에이전트에게 친절하게 알려주기까지 하는 고객사들의 입장이 우리에게 전달하는 메시지는 무엇일까? 가급적이면 의사소통에 문제가 없고 문화에도 익숙한 한국인을 채용하길 바라지만, 이제는 능력만 검증된다면 국적, 지역을 가리지 않고 채용하겠다는 의미이다. 그리고 글로벌 단위로 볼 때는 국내에 전문 인력이 여전히 부족하다는 의미이기도 하다.

엔지니어뿐만이 아니다. 약 2년 전 부동산 투자 및 운용사에서 의뢰한 CFO(최고재무관리자) 포지션을 진행한 일이 있었다. 회사의 사업성은 괜찮은데 자금 상황이 좋지 않아 글로벌 투자자를 모을 수 있는 인재를 영입하는 건이었다. 미국이나 홍콩 등에 위치한 유수의 투자은행이나 사모펀드에서 경험을 쌓은 영어에 능통한 경력자를 원했고, 연봉은 'fully negotiable'이었다. 명망있는 투자자로부터 자금을 끌어모을 수만 있다면, 회사의 자금 사정이 좋아질 뿐만 아니라 시장에서의 신뢰를 얻어 국내에서도 추가로 투자를 받는 것이 가능하므로 경력이 좋을 경우 연봉은 큰 문제가 되지 않는다는 것이 고객사의 입장이었다.

국내 대형 회계법인에서도 시니어급 인재를 찾아달라는 의뢰를 받았다. 미국 회계법인과의 업무가 많아 회의, 전화 등을 영어로 무난

하게 진행할 수 있는 한국인을 원했고 따라서 미국 등 영어권 국가의 회계법인에서 근무한 경력자를 선호했다. 중간 규모의 회계법인 경력자도 지원 가능했다.

이밖에도 고객사들은 다양한 분야의 전문가들을 의뢰한다. 일급 호텔은 중국, 일본, 이탈리아 등에서 고급 요리사를 찾고 IT 회사는 인도의 소프트웨어 엔지니어를 찾는다. 건설 회사는 미국 등지에서 조경 관련 전문가, 심지어는 초고층 빌딩 운영 전문가 등 한국에서는 찾기 어려운 인재들을 스카우트하길 원한다.

이밖에도 해외에 신규 사업을 추진하는 건들이 늘어나면서—수출 이외에 한국 기업들이 생존할 수 있는 방식은 글로벌 단위로의 사업 확장임은 누구나 잘 알고 있다—해외에서 좋은 경력을 쌓아온 인재들에 대한 수요는 앞으로 더욱 늘어날 것이다.

다만 위에서처럼 국내에서는 찾기 어려운—사실은 거의 불가능한—경우 외국인도 괜찮다는 회사가 늘고 있다는 것이 인력 시장의 변화이다.

신입사원 열 명 중 절반 이상이 어학연수 경험이 있을 정도로 선진국으로 유학을 가는 한국인들이 많지만, 공부를 마치고 귀국한 사람들 중 회사에서 정말 필요로 하는 인재는 많지 않다. 기업들이 탐을 내는 인재는 유학을 마친 후 현지에서 좋은 경력을 쌓은 사람들이다.

물론 국내에도 뛰어난 능력을 가진 사람이 많지만, 막상 고객사의 의뢰를 받아 인재를 찾다 보면 전문가라고 자타가 공인하는 사람은 생각보다 많지 않다. 최근 이력서를 보내는 사람들 중에는 해외 교포도 많다. 실력도 좋고, 영어도 완벽하고, 한국말도 곧잘 한다.

이들이 한국에서 커리어를 쌓으려는 이유는 더 많은 연봉 등 경제적인 이익 때문이기도 하고, 본사에서 승진이 어려운 경우 해외에서 (그들에게는 한국이 해외이다) 우수한 실적을 낸 후 본사에 승진 케이스로 복귀하려는 시도에서 비롯되기도 한다. 요컨대 더 좋은 커리어 기회를 찾기 위해서이다.

여러분의 경쟁 상대는 더 이상 국내의 라이벌 기업의 동일 직군에서 일하는 직원이나 공채를 통해 들어오는 입사 동기가 아니다.

제1장 새로운 게임이 시작된다

학벌의 비중은
점차 낮아진다

전세계 어디를 가더라도 학력은 그 사람의 능력을 평가하는 데 있어 기본적인 판단 근거가 된다. 물론 좋은 학력을 쌓기 위해 한 노력에 대한 대가는 받는 것이 마땅하다. 하지만 한국에서는 개인의 능력을 평가하는 데 학벌의 비중이 너무 높다.

몇 년 전만 해도, 기업들의 채용 공고를 보면 '유수 학부 출신, MBA 선호'라는 공고가 많다. 실제로 헤드헌터들 사이에서도 명문 MBA 출신은 아니더라도 한국에서 좋은 학부를 나오면 톱 스쿨 MBA를 졸업한 비명문대 출신에 비하여 취업에 유리하다는 이야기가 나올 정도였다. 그래서 어느 정도는, 명문대 입학을 위해 수단과 방법을 가리지 않는 한국의 비이성적인 입시 문화가 이해가 간다.

여러분보다 윗세대에서는 아직도 학벌에 따른 차별이 심한 편이다. 나이가 마흔을 넘어서도 유학을 심각하게 고려하는 이들이 적지 않다는 사실이 이런 분위기를 대변해준다. 금년 여름, 나보다 연배가 세 살이나 많아 이제는 유학갈 나이를 훨씬 넘겼다는 선입견을 가지고 만난 분의 이야기를 잠깐 소개한다. 나이가 40대 중반을 향해 달려가는 시점에서 유학을 고민하는 이유에 대해 그는 간단하게 대답했다.

"어릴 때 잠깐 공부를 하지 않아 좋은 대학에 입학하지 못한 것이 주홍글씨처럼 평생 따라다닐 줄 몰랐다."

이력서를 보니 열심히 일한 흔적이 뚜렷했고, 실적도 훌륭했다. 그런데 학벌 때문에 승진에 불이익을 받을 것이 거의 확실하다고 한다. 그가 학벌로 인해 불이익을 받을 것이 확실치는 않지만, 불이익을 받을 수 있다고 느끼는 분위기 자체가 문제일 것이다.

대기업에서 인사를 담당했던 이가 술자리에서 고백을 한 적이 있다. 그는 명문대 출신인데, 채용뿐만 아니라 승진 심사 시 같은 학교를 나온 선후배를 챙겨주곤 했다며 "솔직히 팔은 안으로 굽게 되고, 나 또한 그만큼의 혜택을 받지 않았겠느냐"라고 말했다.

그의 생각에 대해 비난할 수 있느냐 없느냐를 떠나서, 학벌 때문에 한국 사회에서 불이익을 받는다고 생각하는 이들이 얼마나 심적 고통을 많이 받아왔는지를 짐작하기에 충분한 사례이다. 그렇다면 학벌이 좋지 않은 사람들은 어떻게 해야 할까? 그냥 대충 살아야 할까?

제1장 새로운 게임이 시작된다

절대 그렇지 않다. 이미 언급했듯이 인력 시장은 능력 위주로 변하고 있다.

2006년 봄, 유학을 가야 할지 말지를 고민하면서 전화상으로 몇 번씩이나 조언을 요청한 대학생이 있었다. 미국 대학원의 비즈니스 석사 과정에서 어드미션을 받은 상태였다. 여러 차례의 상담 끝에 유학을 가기 전에 커리어를 쌓아보는 것이 좋겠다는 결론을 내려주었다. 영어 실력도 상당히 좋았고 합격 통지를 받은 학교의 수준도 괜찮았지만, 내가 무엇을 공부하고 싶은지 목적이 명확하지 않았고, 따라서 투자한 만큼의 성과를 올리기 어렵다는 판단에서였다. 2년 후 여름, 이 학생으로부터 사무실로 찾아오겠다는 전화를 받았다. 함께 차를 마시면서 들은 이야기 중 솔깃했던 것은, 이 학생이 홍콩의 투자은행에 취업이 되었다는 사실과, 그 채용 담당자로부터 들은 이야기였다.

이 학생은 파생상품 관련 컨설팅을 제공하는 팀에서 일을 시작하게 되었는데, 한국 시장 관련 전문가를 트레이닝할 목적으로 채용이 된 것이다. 사실 외국계 회사의 경우 주요 업무에는 경력자를 채용하는 것이 일반적인데 왜 신입을 뽑았을까 하는 의문이 들었다. 이 학생은 그에 대해 명확하게 답변해주었다.

"한국에서는 관련 전문가를 찾기가 어렵다고 하더군요."

만족스러운 수준의 전문가를 찾기가 어려우니 차라리 신입을 뽑아 매니저급으로 키운다는 회사의 인사 정책에 따른 채용이었다. 홍콩에 간 후에도 이 학생으부터 가끔 국제전화가 오곤 하는데, 한국의 회계법인 등에서 경력을 쌓은 지 불과 2년도 안 되는 자신에게 관련 업무에 대해 조언을 구하는 전화가 심심치 않게 온다고 한다.

사실 명문대 재학생일수록 이제는 더 이상 학벌만 가지고는 살아남을 수 없다는 사실을 잘 알고 있다. 학교를 다니다가 미국이나 홍콩, 중국 등 해외 대학에 편입하는 사례도 늘고 있다. 장기적인 관점에서 보면 젊을 때 하는 투자가 기대수익이 높다는 생각에서이다.

2008년 여름, 외국계 회사에 신입으로 지원하는 후보자의 이력서를 받았는데, 대충 훑어보니 학력란에 한국의 최고 명문대학을 졸업 후 미국에서 학부를 다시 다닌 것으로 기재되어 있었다. 대학원도 아니고, 학부를 다니는 것은 시간 낭비라고 생각했던 나의 질문에 돌아온 학생의 답변은 흥미로웠다.

"저 사실은 한국에서 학부 졸업 안 했습니다. 중퇴하고 편입한 겁니다."

이력서를 다시 보니 정말 중퇴를 했다. 한국의 학부 성적이 워낙 좋아서 3년 만에 조기 졸업을 한 것으로 착각을 한 탓도 있지만, 나는 당연히 국내 대학에서 졸업을 했을 것이라고 생각했다. 한국 사회에서 명함을 내밀려면, 일단은 국내에서 대학을 졸업한 후 다음 단계로 넘어가는 것이 일종의 '룰'과 같기 때문이다. 그 학생은 자신 있게 말을 이었다.

"솔직히 국내 대학에선 별로 배울 게 없었습니다. 교환학생을 가서 수업을 듣다가 한국에서 대학을 졸업하는 것은 시간 낭비라 생각했습니다. 곧바로 편입했고, 후회는 없습니다."

'왜 한국의 똑똑한 젊은이들이 발전을 못하고 이렇게 좁은 땅덩어리에서 치고받으며 살아야 하나?'라는 의문을 가지며 한국 교육의 현실에 대해 답답하게 생각했던 나에게는 영원히 변하지 않을 것 같았던 '룰'의 변화로 받아들여졌다. 그리고 그 후로는 비슷한 사례를 종종 발견한다.

직접 운영 중인 카페의 회원들로부터 받는 상담 이메일을 보면 해외에서 의미 있는 경험을 쌓고 이런 경험을 바탕으로 한국 경제의 미래를 선도할 젊은이들이 점차 많아지고 있다(사실 국내 기업들도 국적을 따지지 않는 마당에, 굳이 '한국 경제를 선도할' 등의 표현을 쓰는 것 자체가 어색하게 느껴지기도 한다). 한 학생은 국내 유수의 학부를 다니다 중퇴하고 중국에서 유학 중이며, 현재 정부 산하 국제협력단 요원으로 동남아시아의 정부 기관에서 근무하고 있다. 학교에서는 경제학부의 대표로 다양한 국제 세미나에 참석했으며, 아시아와 중국 관련 경제 리서치를 주도했다.

국내 대학도 변화의 조짐이 보인다. 강의 시간에는 중국인 유학생이 10% 정도를 차지하고 있고, 조만간 완공될 송도의 글로벌 캠퍼스에는 미국 대학 시스템이 그대로 들어온다. 급변하는 국내의 교육 환경들도 학벌 위주로 전체 능력을 평가했던 기존의 룰이 새로운 룰로 변화함을 보여주는 사례가 될 것이다. 예를 들어, 한국에서는 학교 성적 위주로만 가면 크게 손해보지 않는 구조지만 미국은 이와 다르다.

학교 성적이 중요하지 않다는 것이 아니라 성적에만 올인하면 사회적 미아가 된다는 뜻이다.

작년 12월 저녁, 아주 반가운 전화를 한 통 받았다. 내 수업을 듣던 '비명문대' 학생 중 한 명은 유명 유통업체에서 그리고 다른 한 명은 유명 PR 에이전시에서 오퍼를 받은 것이다. 이 학생은 다양한 해외 경험뿐만 아니라, 공모전 입상 등의 다양한 외부 활동, 그리고 적극성이 해당 기업으로부터 높은 평가를 받았다.

학력 때문에 스트레스를 받는 젊은이들이여, 자신감을 가지고 시야를 넓히기 바란다.

3

글로벌 인재의
정의

글로벌 인재의 정의(특히 신세대에게 어울릴 법한)는 다음과 같다.

"조건이 마음에 든다면 어디든 갈 수 있는 의향과 능력이 있는 자."

여기서 조건이란 회사의 명성이나 금전적인 보상만이 아니라 개인의 비전이 포함된 개념이다. 소위 앞서가는 젊은이들을 만나 이야기를 해보면 '보다 높고 넓은 비전'을 가지고 있으며, 월급으로 매달 살아가는 직장 생활에 연연하지 않는다. 자신의 비전을 이룰 수 있는 곳이라면 어디에서 일하는지는 중요하지 않다는 마인드로, 창업을 해보기도 하고 해외에서 경험을 쌓기도 한다.

취업의 목적도 기성세대와는 확연히 다르게 나타난다. 전략컨설팅

24

어학연수, 가지마라

회사에서 커리어를 시작하고 싶다는, KAIST 경영학부에 재학중인 허주원 군의 경우가 좋은 사례이다. 2년 전 여름, 허군은 나의 사무실을 찾았다. 사회사업을 하는 것이 인생의 비전이라며, 비전을 이루는 데 도움이 되는 유학이나 컨설턴트로서의 커리어에 대해 문의를 했다. 나는 대화 도중 "유학을 가거나 경력을 쌓는 일보다 하고 싶은 걸 당장 시작해보는 게 어때?"라고 답해주었다. 사실 그 답변이 허군의 의사결정에 반영이 된 건지는 중요하지 않다. 아무리 좋은 답변을 해준다고 해도 "이젠 뭔가 명확하게 잡히네요!"라고 말하기가 무섭게 고민 모드로 되돌아가는 사람이 대부분이며, 새로운 것을 시도한다는 것 자체가 어렵기 때문이다.

며칠 후 허군으로부터 전화가 왔다. "일단 사업을 시작해보기로 했다"는 내용이었다. 생각을 정리하는 순간 실행에 옮기기로 했다니, 결과를 떠나 적극성이 있는 친구라고 생각했다. 몇 달이 지나 절친한 친구와 함께 '사회적기업 창업 아이디어 경연대회'에 참가한다는 연락을 받았다. 제이피모건(JP Morgan) 등 글로벌 기업들이 주최하는 대회라 경쟁이 무척 치열했지만, 허군은 '프리메드'라는 노숙자들을 위한 의료 서비스 사업 모델을 만들어 수많은 경쟁자들을 제치고 일등을 차지했고, 상금 외에 나이로비 UN 총회에 참석할 수 있는 티켓을 받았다. 이후에도 프리메드의 사업모델이 주요 대회에서 입상을 하면서 허군의 창업 과정이 주요 매체에 기사화 되기 시작했다.

평소에 알고 지내던 사람에 대한 기사가 TV나 신문에 나오면 사람

제1장 새로운 게임이 시작된다

들은 상당히 놀라곤 한다. 허군의 인터뷰가 주요 뉴스에 나오는 순간 그의 지인들도 감탄사를 날렸을 것이다. 하지만 언론에는 알려지지 않은, 훨씬 더 놀랄 만한 사실이 있다. 허군은 나이로비로 가는 비행기 티켓을 포기하는 대가로 티켓 값에 해당하는 돈을 받았다. 그리고 받은 돈은 노숙자 치료를 위한 대형버스를 구입하는 데 썼다. 티켓을 포기하기란 쉽지 않았을 것이다. 허군과 같이 글로벌 컨설팅 회사에 관심이 많은 학생들은 UN 총회 참석과 같이 자신을 홍보할 수 있는 강력한 소재를 발견하기가 힘들다는 것을 잘 알고 있다. 주요매체에 기사화된 그 어떤 내용들보다도 훨씬 놀라운 사실이 아닌가? 남들은 뭔가 하나라도 이력서에 담기 위해 혈안인데 말이다. 소위 '스펙'을 꾸미는 데 도움이 되는 선택은 버리고, 자신의 명확한 '비전'을 위한 선택을 했다는 사실은 불혹에 이른 나에게도 귀감이 되었다.

이번에는 해외에서 경제학을 전공하고 있는 A군과의 상담 내용이다. A군이 전략컨설팅 회사에 취업하기 위한 목적은 사회적 효율성의 극대화라는 비전에서 출발한다. 이 학생은 경제학을 공부하면서 경제학이 우리가 흔히 이야기하는 '돈'을 위한 학문이 아니라 '사회 전반의 발전'을 위한 학문이라고 생각하게 되었다. 자신의 생각을 확인하기 위해 다양한 학술 활동을 이끌고, 해외의 주정부에서 인턴십을 하며 단기적으로는 기업의 조직, 장기적으로는 광범위하게 사회의 시스템을 개선하는 일을 하고 싶다는 강한 동기를 가지게 되었다. A군이 컨설팅 회사에서 쌓을 경험은 장기적인 관심 분야에 도움이 될 과정에 불과한 것이다. 이것이 바로 3개국어 구사가 가능한 A군이 세운 비전이다.

정리하자면, 허군이나 A군이 전략컨설팅 회사를 첫 직장으로 생각한 동기는 '명함도 좋게 만들고, 돈도 좀더 벌기 위해 전략 컨설팅 회사를 가고 싶다'라는 생각을 가진 30대 초중반의 형이나 누나들보다 한 차원 높은 것들이다. 즉, 컨설팅 커리어를 통해 쌓은 노하우와 인맥이 장기적으로 사회사업을 좀더 효과적으로 운영하거나 사회의 시스템을 개선하는 데 도움이 될 수 있을 것이라는 기대를 한 것이다.

유럽에서 경영학 석사를 마친 후 한국에서 월급쟁이 생활이 싫다며 동남아시아의 한 대학에서 박사 과정을 밟는 사람도 있다. 개인적인 목표는 공부를 하면서 현지에서 사업을 구상하는 것이다. 생활비는 강의를 하며 충당하고, 성공 가능성이 높은 비즈니스 모델을 만들기 위해 교민들과 좋은 유대 관계를 형성하는 중이다. 후배 한 명은 미국에서 마케팅 석사를 마친 후 대기업에서 마케터로 근무하던 도중 사직서를 제출하고 중국 상하이의 디자인 스쿨에서 마케팅과 통계를 가르치는 인스트럭터로 근무하고 있다. 이 친구 역시 강의를 하면서 현지의 사업가들과 네트워크를 쌓아나가는 게 목적이다. 최근 중국에서 유학을 마치고 온 지인은 대기업을 마다하고 중소기업에 입사를 했는데, 그 회사가 중국에 사업을 런칭하면서 주재원으로 갈 수 있는 기회를 잡았기 때문이다. 중국 현지 유통 전문가

제1장 새로운 게임이 시작된다

로서의 꿈을 키우는 것이다.

크게 사고하고 행동할수록 그 과정에서 많은 것을 얻는다. 우물 안에서만 놀려고 하지 말자. 깨끗했던 물도 고이기 시작하면 상하게 되어 있다.

어학연수, 가지마라

4

영원한 숙제
외국어

다음 장에 자세히 설명하겠지만, 커리어 상담을 할 때마다 젊은이들의 관심은 디자인, 에너지 등에서부터 의료, 환경, 엔터테인먼트 등으로 점차 다양해지고 있으며, 이에 따라 커리어 패스(career path)도 세분화되고 있다는 것을 느낀다. 이러한 인재들이 시장을 주도하면서 다양한 분야에 경쟁력을 가진 기업들이 탄생할 때 한국은 진정한 선진국 대열로 진입하게 될 것이다.

그런데 이러한 긍정적인 전망과 동시에 갖게 되는 우려는 '외국어 구사 능력'에 관한 것이다. 작년 여름, TV에서 유명인사 한 분이 대학생들을 대상으로 진행하는 프로그램에서 다음과 같이 말했다. "외국어를 써야 하는 포지션이 회사 내에 얼마나 된다고 생각하는가? 괜히 영어 공부 한다고 부모 허리 휘게 하지 마라.”

부모 허리 휘게 하지 말라는 말에는 100% 공감한다. 하지만 외국어 실력이 안 좋다고 해서 구직을 포기하는 등의 나약한 모습을 보이면 안 된다는 의미이지, 외국어 실력이 중요하지 않다는 의미는 절대로 아니다. 한국에서 상류층에 속한 사람들이 너도나도 조기 유학을 보내는 이유가 돈이 남아돌아서, 혹은 남들이 가니까 나도 따라 보내는 것일까? 눈에 띌 만한 변화에는 다 그럴 만한 이유가 있는 법이다.

예를 하나 들어보겠다. 국내 회계법인에서 근무하는 젊은 회계사들이 이직을 원한다며 이력서를 보내는데, 글로벌 기업으로의 이직을 원하는 경우가 많다. 글로벌 기업에서 외국어 실력도 향상시키고 기회가 되면 해외에서도 경력을 쌓아보고 싶다는 것이 이들의 주된 이직 사유 중 하나이다. 해외로 직접 취업이 가능한 방법을 문의하는 사람도 많다. 문제는 이직을 할 만큼의 영어 실력이 안 되는 사람들이 많다는 것이다. 예전에 비해 회계사의 몸값이 떨어졌다고들 하지만, 사실 살인적인 업무에 군대 조직 같은 한국의 회계법인에서 수년간 꿋꿋이 견뎌왔다는 사실 하나만으로도 세계 어디 내놔도 손색이 없는 경쟁력을 갖춘 인재들이다. 하지만 회계 경력자를 찾아달라는 글로벌 기업의 의뢰를 대행하다 보면, 후보자 군은 일반적으로 두 부류로 나뉜다. 영어는 잘하는데 업무 능력이 어필을 못하는 경우와 반대로 업무 능력은 요구 사항을 만족하는데 외국어 실력이 부족한 경우이다.

어학연수, 가지마라

사실 외국어 실력만 갖추면 외국계 기업에서의 경력이 없더라도, 인터뷰 과정을 거쳐 해외에서 커리어를 쌓는 것이 가능하다. 아래는 중국 상하이에 위치한 컨설팅 회사에서 내게 적합한 인재를 의뢰했던 한국인 포지션이다.

We are looking for a Korean analyst who has relevant experience in investment research with exposure to equities and who can conduct in-depth financial modeling and write marketable investment reports.

아래와 같이 후보자가 갖추어야 할 자격 요건을 보면, 한국에서도 관련 경력을 가진 사람들을 찾을 수는 있다.

- Research, modeling and/or corporate finance experience of 1~4 years in investment banks, pension funds, private equity firms, research areas of broker firms.
- Degree in business or engineering with specialization in finance or economics or a degree in public accountancy, with a strong academic record.
- Strong skills in financial modeling, analysis and report writing. Ability to understand and analyze industry and company trends and form investment arguments.

제1장 새로운 게임이 시작된다

하지만 마지막 부분에서 추천 가능한 인력 풀이 확연히 줄어든다.

• Excellent communication skills in Korean, Japanese and English required.

아래는 작년 여름 홍콩의 로펌에서 Legal Assistant를 뽑기 위해 구인 공고를 낸 사례이다.

• Position: Legal Assistant

• Location: Hong Kong and China

In the top-tier international law firm, you will be able to experience a wide range of corporate transactions including M&A, IPOs, securities offerings, restructurings and corporate compliance.

마지막 문단에 추가된 문장을 보자.

Excellent English and Korean language skills are required and fluency in Chinese is preferred.

한국어와 영어 외에도 중국어 구사 가능자를 선호한다는 것이다. 최근 전략적 제휴를 맺은 홍콩의 헤드헌팅 회사 직원들과 대화를 나

어학연수, 가지마라

누다 보면, 아시아 지역 금융기관의 메카인 홍콩의 투자은행에서 근무하려면 앞으로는 영어는 기본이고, 중국어 등의 제2외국어도 유창해야 한다는 이야기가 나온다. 굳이 홍콩 헤드헌팅 회사와의 이야기나 채용 공고의 예를 들어 설명하지 않더라도, 한국경제의 구조적 특성을 감안할 때 향후 영어, 중국어 등 외국어 구사 능력은 충분조건이아닌 '절대 필요조건'이다. 만약 여러분이 "영어만 지껄이는 걸로 한국에서 잘 먹고 잘 사는 외국인들이 정말 그렇게 잘난 거냐?"라고 물으면 "그렇다, 그들은 잘났다. 영어만 유창하게 해도 잘난 거다"라는답을 듣는 세상이 올지도 모른다. 국내 기업들도 회의를 영어로만 진행한다는 뉴스가 보도될 정도로 영어 구사 능력은 중요하다. 심지어는 영어를 못하면 임원이 될 생각을 하지 말라고 엄포를 놓은 회사도있다. 외국인 임원들이 영입된 대기업들도 한두 군데가 아니다.

영어만이 아니라 제2외국어를 모두 할 수 있다면 좋겠지만, 최소한영어 의사소통만큼은 일정 수준까지 끌어올려야 할 것이다. 뒤에 좀더 자세하게 설명하겠지만, 영어 이외에 제2외국어를 잘하는 사람은유학을 마친 후 현지에서 취업 기회를 얻는 데도 유리하다. UN과 같은 국제기구 취업에 뜻이 있는 사람들은 말할 필요도 없다.

조기 유학에 대해 문화적 정체성 등의 부작용도 만만치 않기 때문에 개인적으로도 과거에는 부정적인 생각을 가졌던 것이 사실이다.유학 상담을 위해 방문하는 경력자의 절반 정도는 다시 생각해보라고하면서 돌려 보내기도 했었다. 하지만 헤드헌팅과 커리어 컨설팅 분

제1장 새로운 게임이 시작된다

야로 사업을 확장하면서, 그리고 글로벌 인재의 정의가 무엇일까 고민하면서 조기 유학 등에 대한 부정적인 생각을 많이 바꾼 상태이다.

당부하건대 정말 외국어만큼은 많은 시간을 투자하기 바란다. 싫어도 해야 한다.

어학연수, 가지마라

2

세상은 넓고 할 일은 많다

1

해외에서
경험을 쌓고 싶다?

"저 취업했어요! C 투자은행의 뉴욕 본사에서 일할 것 같아요!"

11월 셋째주 아침, 미국으로부터의 전화에서 들려온 첫 마디였다. 또랑또랑한 목소리의 주인공은 일리노이 주립대의 회계학 석사 과정을 다니고 있는 조유진 양이었다. 조양을 처음 알게 된 것은 해외 취업 특강을 주최했을 때였다. 서울 소재 대학 졸업반이었던 조양은 특강 이후에도 상담을 요청했고, 2008년 여름 졸업을 앞둔 시점에서 해외에서 경험을 쌓겠다는 당찬 포부를 가지게 되었다. 상담 도중 '열심히 공부하면 뭔가를 이룰 수 있을 것 같다'라는 생각이 들게 만들었던 학생이었지만, 전화를 받는 순간 최악의 고용 대란을 맞은 미국에서 외국인의 신분으로 취업을 했다는 사실 자체가 대단하다는 생각이 들었고, 취업 가능성을 높일 수 있는 방법을 알려준 조언을 그대로 실천했다는 점에서, 그리고 의미 있는 결과로 나타났다는 점에서 컨설턴트로서의 보람이 느껴지는 순간이었다.

조유진 양이 C 투자은행에서 3년 정도만 커리어를 쌓으면, 한국 복귀 시 연봉은 대기업을 다니는 또래 직원들 대비 최소 1.5배 이상은 될 것이다. 외국계 금융기관 중 조양이 일하게 될 포지션과 유사한 일을 하는 직원의 연봉 수준에 비추어볼 때 말이다. 지역도 한국뿐이 아니라 아시아 태평양 지역을 돌면서 일할 것이다.

개인적으로 가장 많이 받는 질문 중 하나는 해외 취업에 관한 것들이다. 최근 해외 취업을 원하는 수많은 경력자의 이력서도 많이 '날아오고' 있다. 이뿐이 아니다. 해외에서 공부를 하고 있는 학생들의 이력서도 만만치 않게 날아온다. 특히 경력자들 사이에 가장 인기가 많은 MBA 과정을 공부하고 있는 학생들은 겉으로는 좋은 직업이 아니면 한국으로 온다고 말하지만, 속마음은 그렇지 않은 경우가 많다. 몇 년동안 받은 해외 MBA 학생들의 이력서들을 보면, 희망 취업의 1순위가 미국, 2순위가 홍콩이나 싱가폴, 다음이 중국이나 일본 등 기타 지역이다. 한국은 가장 마지막이다. 해외 유수의 기업에서 경력을 쌓고 오면 인정을 받을 수 있다는 기대 심리가 가져온 결과이다.

해외에서 취업을 하지 못하고 국내 대기업으로 돌아온 이후에도 해외에 자리 없냐는 연락이 심심치 않게 온다. 이런 현상은 30대 후반이

어학연수, 가지마라

된 지원자들 사이에서 상대적으로 많다. 과도한 업무량, 그리고 아이들 교육 문제 등이 복합적으로 작용하기 때문이다. 아래는 중견 기업 CEO 로부터 들은 이야기이다. 같은 MBA 출신으로서 좀 너무하다는 생각도 들었지만, 들은 그대로 옮기자면 다음과 같다.

"스펙 높이려고 MBA 간다구요? 한물간 지가 언제인데요! 그거 10년도 더 된 얘긴데?"

그렇다. 유학 가서 졸업장만 따오면 기업에서 인재로 여기던 시대는 이미 10년도 더 지났다.

국내에 복귀 후 유수의 다국적 기업에서 경력을 쌓지 않는 이상, 힘들더라도 해외에서 경험을 쌓는 것이 치열한 글로벌 경쟁에서 승자가 될 능력을 가졌다는 점을 증명하는 최고의 졸업장이 될 것이다. 하지만 외국인으로서의 현지 취업은 그리 만만치 않다. 다음의 자료들을 보면 이해가 쉽게 갈 것이다.

[표1]은 미국에서 석사 및 박사 과정을 공부하고 있는 한국 유학생들의 전공에 대한 자료를 분석한 결과이다. 모집단이 1,000명 내외이므로 의미 있는 데이터라고 할 수 있다. 정보의 객관성을 더욱 높이기 위해 상위 50개 학교 중 20개 정도의 대학을 선정하였고, 지역도 동부·서부·중부·남부를 골고루 포함시켰다. 또한 호경기도 불경기도 아닌 2000년대 중반 시점을 선택했다.

[표1] 전공별 유학생 비율 (미국)

전자공학, 전자계산	MBA	기계공학	화학	재료공학
17%	16%	12%	11%	7%
컴퓨터공학	산업공학	항공	건축, 토목	통계, 수학
6%	5%	4%	3%	3%
IT	재무 회계	마케팅 등 경영	금융공학	경제학
3%	2%	2%	1%	1%

자료에 의하면 컴퓨터공학이나 전자공학 전공자가 상대적으로 많게 나타난다. 이밖에도 경제학, 커뮤니케이션, 테솔(TESOL), 바이오, 섬유공학, 교육학 등의 전공자가 있었지만, 비중은 상당히 낮다. 유학 상담을 해보면 앞으로는 좀더 다양한 분야로 비중이 옮겨질 것으로 예상된다.

또하나 주목할 만한 것은 비즈니스를 공부하는 유학생의 비중이 상당히 높다는 것이다. MBA에 MIS, 마케팅 석사 등을 합치면 비즈니스 관련 학위를 공부하는 유학생의 비중이 거의 25%에 달한다. 취업에 민감하고 이력서를 적극적으로 제출하는 해당 분야 학생들의 성향을 감안한다고 해도 MBA가 차지하는 비중이 너무 높다고 느끼는 것은 나 혼자만이 아닐 것이다.

상담을 해보면 많은 MBA 지원자들이 국내 대기업보다는 글로벌 단위의 투자은행이나 컨설팅 회사에서의 커리어를 꿈꾸며 미국이나 홍콩 등에서 근무하기를 희망한다. 하지만 과학기술 분야에서 학위를 취득한 유학생들은 미국에 남는 것이 상대적으로 수월한 반면, 소수의 톱 스쿨 진학자, 그리고 유학 이전의 커리어가 우수한 소수의 학생들을 제외하면 이런 목표를 이루는 것이 현실적으로 쉽지 않다. 제조업군 등으로 취업을 하려고 해도 영어로 의사소통이 안 되는 매니저급을 뽑으려는 회사는 많지 않을 것이다.

한국인 MBA 졸업생들이 현지의 일반 기업군에 취업한 포지션을 봐도 전문성이 확실하게 요구되는 직군이 많은 것으로 나타난다(M&A, marketing analytics 등). 아쉬운 것은 스페셜리스트를 선호하는 요즘 시대에 금융공학 등 계량적인 면을 중시하는 분야에는 유학 지원자가 상대적으로 적다는 사실이다. 그럼에도 불구하고 MBA를 선호하는 이유에 대해 물어보면, 많은 지원자들이 'MBA를 국내 대기업에서 많이 뽑기 때문에 학위에 대한 리스크가 다른 과정에 비해 낮다'고 말한다. 다르게 말하면, 학위 취득 후 무슨 일을 할지 확실하지 않기 때문에 취업에 큰 문제가 없는 과정을 가는 것이다. 유학 지원자의 에세이 작업을 돕는 도중 처음에는 MBA를 가려고 했다가 중간에 다른 석사 과정으로 바꿔서 지원하겠다는 사람들도 적지 않음을 봐도 알 수 있다.

외국인들이 미국의 회사에서 취업이 되었을 때 합법적으로 일하기 위해 미국 정부에서 발급받아야 하는 취업 비자(H-1B)를 받아야 하는데, 〔표2〕는 미국 이민국에서 취업 비자를 받은 사람들을 국가별로 취합하여 순위를 매긴 자료이다.

[표2] 국가별 H-1B 비자를 승인받은 사람들의 수 (2001, 2002년, 출처: 미국 이민국)

	2001	2002	Total	Percentage
India	161,561	64,980	226,541	42.9%
China	27,330	18,841	46,171	8.8%
Canada	12,726	11,760	24,486	4.6%
Philippines	10,389	9,295	19,684	3.7%
United Kingdom	9,682	7,171	16,853	3.2%
Korea	**6,468**	**5,941**	**12,409**	2.4%
Japan	5,902	4,937	10,839	2.1%
Taiwan	5,808	4,025	9,833	1.9%
Pakistan	6,313	3,810	10,123	1.9%
Colombia	3,703	3,320	7,023	1.3%

인도는 언제나 압도적으로 1위를 차지하고, 그 뒤를 항상 중국이 따른다. 〔표4〕에서처럼, 시스템 분석(system analysis)이나 프로그래밍 관련 기술은 인도인이 상당한 경쟁력을 갖고 있다. 의사 소통에 문제가 없다는 것도 취업률이 높은 이유 중 하나이다. 중국인들도 엔지니어링 전공자들이 많고 국가의 경제 규모가 커지면서 중국어라는 언어에 대한 어드밴티지도 취업에 긍정적으로 작용했을 것으로 판단된다. 반면 한국은 순위에서는 6위이지만, 비율로 보면 불과 2.4%밖에 되지 않는다. 중국인의 비율이 높은 이유가 블루칼라 직종 취업이 많아서라고 생각하지는 말자. H-1B를 발급받은 사람들 대부분이 학부 졸업자 이상이다. 한국도 2001년에는 2%에서 2002년에는 3%로 취업

어학연수, 가지마라

비자를 받은 사람이 증가하기는 했으나, 전체 유학생 숫자에서 최상위권에 속한 것에 비하면 그 수가 극히 적다고 할 수 있다.

〔표3〕은 최근 3년간 쌓아온 자료들을 바탕으로 경영 관련 학위를 마친 유학생들이 미국에서 취업한 케이스를 분석하며 비교한 것이다. 〔표1〕과 대비하여 샘플 수(약 100개)가 적지만 해외 취업을 원하는 사람에겐 참고할 만한 자료가 될 것이다. 대상은 학부, 석사 졸업자이다.

[표3] 비즈니스 관련 전공자들의 현지 취업 현황 (미국)

전공별 비중				
회계	재무	마케팅	통계 관련	기타
39%	16%	17%	13%	15%
인더스트리별 비중			
회계	재무	마케팅	기타
44%	35%	18%	6%

많은 사람들의 예상대로 회계, 재무 등 수리적인 능력을 요구하는 분야에 취업의 비중이 높은 편이다. 회계 분야 전공자 대비 취업자가 많은 이유는 재무 분야 전공자가 회계 분야로 취업을 했기 때문이다. 다음의 〔표4〕는 H-1B 비자의 승인을 받은 상위 직종을 비율로 나타낸 것이다. 시스템 분석과 프로그래밍이 절반 이상을 차지하고 있어 2000년대 초반 IT 산업이 활황이었던 당시 미국 경제의 상황을 보여

제2장 세상은 넓고 할 일은 많다

준다(미국과 같이 경제 규모가 큰 국가는 산업군의 상황이 취업 시장에 지대한 영향을 미친다).

[표4] 직군별 H-1B 비자 승인 비율

직군	2001	2002
Systems analysis and programming	52.2%	33.0%
Colleges and university education	3.7%	7.4%
Accountants, Auditors	**3.4%**	**4.3%**
Electrical/Electronics engineering	4.7%	4.1%
Computer-related	4.1%	3.4%
Miscellaneous managers and officials	2.1%	2.7%
Biological sciences	1.5%	2.6%
Economics	**1.7%**	**2.6%**

(2001, 2002년, 출처: 미국 이민국)

〔표4〕와 같이 직군별 외국인의 취업 비자 승인 자료를 보더라도 상경계열은 회계와 경제 분야가 각각 세 번째와 여덟 번째에 포함된다. 회계 분야에 취업한 한국인들이 많은 것도 이러한 통계와 무관하지 않을 것이다. 〔표3〕으로 다시 돌아가면, 투자은행이나 증권사 등 재무 분야로 취업한 한국인들 중 재무 전공자의 비중이 낮다. 주된 이유는 경제, 응용 수학, 통계, 산업공학 등 계량적인 면에 강점을 보이는 전공을 공부한 한국인들이 재무 분야로 취업했기 때문이다. 취업에 성공한 사람들은 주로 리스크 관리나 모델링(modeling) 등의 업

어학연수, 가지마라

무를 맡고 있는 것으로 나타났다. 하지만 유학생 1,000명을 조사한 [표1]의 데이터를 보면, 통계, 수학, 경제학 전공자 등을 모두 합쳐도 5% 정도밖에 되지 않는다.

회계 분야는 석사 학위 취득자가 70% 정도를 차지하고 있으며, 전체 중 75%가 회계법인에 취업했다. 재무를 전공한 사람들도 (MBA 금융 전공자 포함) 일부 회계법인에 취업했다. 마케팅 분야 취업자 중 석사 학위 취득자들은(MBA 마케팅 전공자 포함) 통계적인 스킬을 요구하는 포지션(마케팅 리서치, 컴퓨터 마케팅 등)이 4분의 1 정도를 차지했으며, 이들을 제외하고는 대부분의 현지 취업자들이 미국 학부 출신인 것으로 나타났다. 고도의 커뮤니케이션 스킬을 요구하고 로컬 마켓에 대해 친숙할수록 유리한 직업적 특성이 반영된 결과라고 할 수 있겠다.

[표5]는 회사별 외국인 고용자(즉, H-1B 취업 비자 승인을 받은 외국인)가 많은 회사들을 상위 40여 개 정도로 간추린 자료인데, 전문성을 요구하는 IT 기업과 회계법인이 많다.

2000년 초반의 자료들이지만, 전체적인 추세는 크게 변하지 않았다. 인도와 중국인들은 여전히 미국에서 취업을 가장 많이 하는 국가들이다. 미국 굴지 기업의 CEO가 인도인이 많다는 사실을 여러분도 이미 알고 있을 것이다. 한국이 강해지려면 미국과 같은 세계의 중심 국에서 경험을 쌓은 사람들이 자꾸 나와줘야 한다.

[표5] 외국인 유학생(H-1B Visa Holder)을 고용했던 이력이 있는 회사

Company	Hi Tech Consultants Inc	Rapidigm
Motorola Inc	Group Ipex Inc	Syntel Inc
Oracle Corp	Ace Technologies Inc	Wipro LTD
Cisco Systems Inc	Hewlett Packard Co	Tata Consultancy Serv
Mastech	Everest Consulting GR	PriceWaterhouse Coopers
Intel Corp	Bell Atlantic Network Serv	People Com Consultants
Microsoft Corp	Ernst Young LLP	KPMG
Lucent Technologies	Agilent Technologies Inc	Cognizant Technology Solutions
Infosys Technologies	Deloitte Touche LLP	Satyam Computer Serv
Nortel Networks Inc	Birlasoft	Keane
Tekedge Corp	Global Consultants	University of Washington
Data Conversion	IBM	Analysts Intl Corp
Tata Infotech	R Systems Inc	Capital One Serv
Cotelligent USA Inc	Sprint United Mgt	Apar Infotech
Sun Microsystems Inc	Wireless Facilities	Modis Inc
Compuware Corp	Intelligroup	L & T Technology

(출처: INS, Year 2000)

해외 취업을 원하는 이들과 상담을 하다 보면 어학연수나 최근 들어 급증한 조기 유학 생활을 거치면서 외국 생활에 대한 동경이 강해진 경우가 많다. 하지만 유학에 대한 막연한 기대를 가지고 달려드는 사람들의 결과가 그다지 좋게 나타나지 않는 것처럼, 현지 취업도 섣불리 달려들 일은 아니다. 이들 대부분이 가진 공통점은 현지에서 돈을 '써본' 경험만 있다는 것이다. 알다시피, 선진국일수록 받은 돈 만큼의 서비스는 확실하게 제공한다. 적지 않은 돈을 지불하고 어학연수를 갔는데, 파티나 피크닉 등 다양한 서비스를 제공하지 않으면 아무도 어학연수를 가지 않을 것이다. 그러므로 돈을 지불한 사람 입장에서는 당시의 좋은 기억들만 남게 될 것이고, 이는 해당 국가에서 살고 싶다는 일종의 막연한 동경으로까지 이어질 수 있다. 영어권 선진국들 입장에서 보면, 영리한 교육 사업이자 문화 정책이다.

만약 이런 좋은 기억들을 가지고 해외 취업을 목표로 한다면, 먼저 반대의 경우부터 생각을 해보자. 이제는 돈을 '받으면서' 서비스를 제공해야 하는 피고용자 입장이 되어야 한다. 받은 만큼 철저히 서비스를 제공해야 한다고 생각하는 고용주에게 얼마만큼의 만족할 만한 성과를 보여주어야 할까? 선진국일수록 대충 일하는 직장 문화는 존재하지 않는다. 차라리 일찍 퇴근을 하면 했지, 회식 등으로 시간을 낭비하는 일도 없다. 그만큼 가차 없다는 의미로 볼 수 있다. 물론 겁먹을 것은 없다. 어렵게 취업에 성공한 한국인들은 현지에서도 잘 버티는 편이다. 다만 막연한 환상을 가지고 접근하는 사람들이 많은 것 같아 미리 이야기한다. 비전과 환상은 다르기 때문이다.

2

어떤 사람이
해외 취업에 유리한가

첫째, 현지 기업에서 필요로 하는 지식을 갖추거나 경력을 가지고 있는데 여기에 더해 인력 시장에 해당 인력이 부족하다면, 취업 확률은 그만큼 높아진다. 과거 MBA를 공부하던 시절, 미국 중부에 위치한 유명 글로벌 기업의 인턴 채용 공고가 났는데, 아래와 같은 자격을 갖춘 사람을 찾고 있었다.

• Position: Supply Chain 경력자 / 한국의 대기업 가전 회사에서 관련 경험자 우대

한국이 세계적으로 인정을 받고 있는 직군이나 직무에서 경력을 가

어학연수, 가지마라

지고 있다면, 현지 취업의 가능성이 그만큼 높아질 것이다.

둘째, 앞의 표에서도 보았듯이 숫자와 리서치에 강한 사람이 유리하다. 작년 겨울, 미국 중남부 지역의 주립 대학에서 리서처(researcher)를 채용했었는데, 대학 부설 병원의 바이오 관련 리서치에 투입되는 연구원 자리였다. 유학생들도 지원이 가능한, 즉 학교에서 H-1B 비자 스폰서를 해주는 포지션이었다. 리서치 경력이 있는 통계학부 졸업자, 혹은 경력이 없어도 통계 석사 학위가 있으면 지원이 가능했다. 이와 같이 숫자에 강하거나 리서치 경력이 있으면 현지에서 경력 계발 기회를 가질 수 있는 확률이 높아진다. 마케팅과 같이 대화 능력을 요구하는 직업도 데이터를 분석하는 마케팅 리서치, 계량 마케팅과 같은 자리를 노리면 현지 취업 가능성이 높아진다.

뉴욕 회계법인의 세무 파트에서 근무하는 한 지인도 비슷한 이야기를 전해준다.

"많은 유학생들이 감사 쪽을 선호하는데, 세무도 매력적이라는 생각이 듭니다. 관련 조항들이 항상 바뀌고, 주마다 세법이 달라 끊임없이 공부해야 합니다. 세무 리서치를 통해 지식을 쌓아나가면서 인정을 받는 직업이므로, 외국인으로서 직업 안정성은 상대적으로 더 좋다고 생각합니다."

회계법인의 이전가격(transfer pricing)을 담당하는 부서에서는 경제학 박사 학위를 취득한 학생을 매니저로 채용한기도 한다. 한 국가의 경제 시스템을 이해해야 하기 때문인데, 그만큼 리서치 능력이 취업에 큰 도움이 된다.

셋째, 제2외국어를 잘해도 취업에 유리하다. 여러 나라 말을 하는 바이링구얼(bilingual)을 원하는 포지션들이 많은데 특히 중국어, 스페인어, 일본어 등을 우대한다. 미국 서부와 남부 지역은 히스패닉 인구가 상당한 부분을 차지하며, 높은 출산율 등으로 인해 인구 분포에서 점차 비중이 높아지고 있다. 소비 성향도 높아 소비자 행동 리서치의 주요 주제가 될 정도이다. 중국어나 일본어는 중국과 일본이 세계에서 차지하는 경제적 위상에서 비롯된다고 보면 된다. 따라서 제2외국어에 자신이 있다면 그 장점을 잘 활용하길 바란다.

일본계 회사들은 현지 법인이 많고 규모도 크므로 일본인들에게 취업 기회가 상대적으로 많지만, 일본 유학생들은 공부가 끝난 후 본국으로 돌아가는 경우도 많다. 예를 들어 미국으로 MBA를 공부하러 오는 일본 학생들은 기업에서 스폰서십을 받은 경우가 많아 학위 취득 후 본국으로 돌아가는 경우가 많다. 따라서 문화가 비슷한 한국인들에게는 기회가 될 수 있다. 실제로 미국 중부와 동부에 위치한 대학에서 회계학 석사를 마친 한국 유학생들이 뉴욕에 위치한 대형 회계법인 Big 4 중 한 곳에 입사한 케이스가 있었는데, 일본 기업에 대한 감사를 주로 하는 JP(Japanese Practice)였다. 동부 지역에서 회계학 석사를 공부한 또 다른 유학생도 뉴욕의 Big 4 중 한 곳에서 인턴을 잡은 후 정식 사원이 될 것을 제안 받았는데, 역시 일본어를 잘한 것이 덕을 본 경우이다.

이미 언급한 것처럼 국가의 경제 규모만 봐도 미국에 진출한 일본 기업들은 상당히 많음을 쉽게 짐작할 수 있으며, 따라서 Japanese Practice의 인력 수요도 Korean Practice보다 많다. Big 4 중 한 곳은 JP가 인사 권한을 독립적으로 가지고 있을 정도이다. JP에서의 경력은 선진 기업들의 관리 시스템에 대해 배울 것이 많을 것이다. 일본어를 못해도 JP에 입사한 사례가 있으니, 적극적으로 시도해볼 것을 권한다.

외국어를 잘하면 유학을 가지 않고도 한국에서 직접 해외 진출 기회가 생길 수 있다. 고객사들로부터 받았던 인력 서치 의뢰 중 다음의 프랑스와 일본에서의 근무 공고를 참고하고, 하루라도 젊을 때 시간을 투자해서 어학 실력을 향상시키기 바란다.

1) 프랑스 현지 인력 채용 (프랑스계 제조업체)

- 자격 및 경력: 회계분야 ○○년 이상 경력자

- 외국어: 영어 (혹은 불어) 능통자

- 성격 : 원만한 성격 소지자로서, 커뮤니케이션 능력이 뛰어난 자

- 2010년 1월 프랑스 지역 해외 법인 파견 예정 / 최우대함

2) 일본 현지 인력 채용 (한국과 일본 온라인 기업의 합작사)

- 채용 포지션: 전략 기획, 경영 기획

- 직급: 팀장급

- 필수 채용 조건: 재무 분석, 사업 타당성 분석 등 재무 회계 관련 경험, 일본어 가능

- 근무지: 일본 동경

마지막으로, 적극적인 성향을 가진 사람이 현지 취업에 유리하다. 2003년 MBA를 공부할 당시, 클래스메이트였던 중국 여학생이 가전 제품 분야에서 세계적인 명성을 가지고 있는 회사에 지원했다. 인터 뷰도 열심히 준비했지만 결과는 좋지 않았다. 당시 9·11 사태의 여파 로 취업 시장은 얼어붙어 있었고, 외국 유학생을 뽑는 회사도 줄어든 상황이었다(무엇보다 그 회사는 유학생을 채용하는 경우가 거의 없었 다). 하지만 그녀는 포기하지 않았고, 결국은 취업에 성공했다. 그녀 가 취업에 실패한 뒤 취한 행동은, 아래와 같이 간단했다.

인사과에 전화를 걸어 계속 관심을 가져줄 것을 요구했고, 지원 부 서에 편지를 써서 자신이 가지고 있는 강점을 다시 한번 어필했다.

그녀가 취업에 성공한 회사는 바로 '고배를 마셨던 회사'였다. 사실 아무나 하기는 어려운 과정이었다. 한두 번도 아니고, 세 번 이상 같 은 과정을 반복했다. 그녀의 적극성은 긍정적인 이미지를 부각시켰 고, 결국 그 회사에 취업하는 기쁨을 맞게 되었다.

'적극성'이 취업으로 연결된 사례가 또 하나 있다. 내가 운영하는 카페의 한 회원이 미국 중남부의 회계법인에서 매니저로 일하고 있었 는데, 신입사원을 뽑는다며 좋은 후보자를 추천해달라는 메일을 보내 왔다. 회원 중 평소에 좋은 자질을 가졌다고 생각한 후보자들의 이력 서를 몇 장 보냈고, 몇 달 후 추천한 후보자들 중 한 명이 다음과 같은 이메일을 보냈다.

"최종 인터뷰까지 갔는데, 아쉽게도 합격하지 못했다는 통보를 받

어학연수, 가지마라

았습니다."

중국 여학생의 합격 사례를 떠올리면서, 회계법인에 고용해줄 것을 적극적으로 요청해볼 것을 권했다. 그 지원자는 계속 편지를 보내고 전화를 반복한 끝에 결국 취업에 성공했고, 현재는 남부와 동부에 위치한 회사들을 대상으로 감사 업무를 하면서 좋은 경력을 쌓고 있다. 고용자들 입장에서 구직자들이 갖추길 원하는 자질 중 하나는 후보자의 '열정'과 '적극적인 태도'라는 사실을 항상 잊지 말기 바란다.

3

해외 취업 시
지양해야 할 것

첫째, 자존심은 안드로메다에 묻어두자. 3년 전쯤의 일이다. 명문대의 회계학 석사 과정으로 유학을 간 학생들에게서 이메일이 왔다. 취업을 도와달라는 것이었다. 마침 지인이 뉴욕 회계법인에 있어 추천을 해주었고, 이중 몇 명이 좋은 결과를 얻을 수 있었다. 합격자 한 명으로부터 감사 메일이 왔는데, 솔직한 고백도 담겨 있었다.

"한국에 있을 때 회계법인 경력도 있고, 나름 잘나갔다고 생각해서 회사들과의 인터뷰도 대충 봤는데, 나보다 공부도 못한 중국 학생들이 회계법인에 먼저, 그리고 대부분이 취업을 했다. 한국에 계신 분에게까지 취업을 부탁하게 된 상황이 좀 창피하기도 하다."

어학연수, 가지마라

'나는 잘났다'는 자존심을 버리도록 하자. 미국 사람들이 나보다 똑똑한 것 같지 않다고 해도 나는 원정 경기에 참가한 용병이다. 그리고 적어도 본전은 찾고 가자는 생각을 가지도록 하자. 밑져야 본전이고, 들이대서 안 되더라도 누가 뭐라고 할 사람도 없다. 전략을 세워 보고, 이를 토대로 자신의 능력을 시험해볼 수 있는 절호의 기회로 이용하자.

둘째, 영어 실력이나 인종 차별로 인해 취업이 어렵다는 생각은 버리자. "네이티브도 거지가 있다." 물론 영어를 잘할수록 유리한 부분이 있겠지만, 더욱 중요한 것이 있다는 말이다. 딜로이트 뉴욕에서 세무전문가(세무 컨설턴트)로 일하고 있는 허욱 회계사의 경험담으로 설명을 대신하겠다.

"듣기 80%에 말하기 50%면 회사 인터뷰 통과는 문제 없다고 생각한다. 사실 언어적 문제를 보면, 거의 완벽에 가까운 문자를 배운 한국인이 열등한 언어를 배우는 것은 쉬워야 한다. 그런데 그게 안 된다. 왜냐면 '영어는 한참 더 배우고 외워야 돼'라는, 말도 안 되는 한국의 '영어 산업'이 만든 고정관념 때문이다. 영어는 미국인들도 정복 못한 언어다. 언어가 어렵고 우수해서가 아니라 '허접'해서이다. 중요한 이메일을 보낼 때 나 같은 유학생 출신한테 같이 읽어보고 틀린 데 있으면 고치자고 한다. 그렇다고 그들이 말할 때도 '이렇게 말해도 되지?'라고 묻지는 않는다. 영어를 대하는 태도를 그냥 필요한 도구로 생각하고 자꾸 나가서 잘 되는지 써봐야 한다. 원서 끼고 앉아

읽는다고 영어가 늘진 않는다.”

영어 실력이 좋지 않은 중국 학생들, 그리고 현재 운영 중인 카페의 회원들 중 영어 실력이 뻔한 몇몇 한국 학생들이 취업을 하는 것을 보면 영어 실력 자체보다는 영어를 못한다는 생각에서 ‘지고 들어가는 자세’가 문제이다. 적극적인 자세로 전환하자.

또 하나, 인종 차별이 취업을 어렵게 만드는 원인이라고 생각하는 사람도 많은데, 세계적으로 미국만큼 외국인에 개방적인 국가도 없다. 결국은 개인 역량 문제이다. 앞의 표에서 비교한 국가별 취업비자 쿼터를 다시 한번 확인하기 바란다. 취업에 성공한 수많은 인도인과 중국인들이 외국인으로 분류되니 취업 비자 승인을 이민국에 요청한 것이다. ‘내가 외국인이니까 차별 받지는 않을까?’라는 일종의 강박관념의 원인은 결국 자격지심에서 비롯된 것일 뿐이다.

여기에 하나 덧붙이자면, 절대로 신분을 탓하지 말자. 취업을 못하고 있다는 영주권자의 ‘하소연’을 메일로 받은 적이 있다. 내용을 보니 ‘아마도 시민권이 없어서 취업을 못하나 보다’라는 것이 이 사람의 생각이었다. 그렇다면 유학생 신분으로 취업을 하는 사람들은 도깨비 방망이라도 휘두르고 다니나보다. 분명, 자신의 신분을 탓하는 것은 핑계다. 핑계는 이것뿐이 아니다. 예를 들어 PWC(Price Waterhouse Coopers)는 유학생들에게 취업 비자(H-1B) 스폰서를 해주지 않아 취업이 안 된다는 주장들이다. 답은 ‘No’이다. 지역에 따라 스폰서를 해주는 경우도 있다. 최근 보스턴에 위치한 브랜다이스(Brandis) MBA 과정에

어학연수, 가지마라

재학중인 이명철 씨가 좋은 예이다. 그는 바로 며칠 전 PWC에 합격했다. 강조하고 싶은 것은, 자기가 다니는 학교를 탓하지 말라는 것이다. '우리 학교는 커리어 센터가 좋지 않아서' '우리 학교는 유학생을 차별해서' 등의 불만은 핑계일 뿐이다. 바로 위에 언급한 브랜다이스 MBA를 예로 들어보자. 한국의 MBA 지원자들이 생각할 때 눈에 들어오는 학교인가? 하지만, 현재 유학생 세 명이 벌써 현지 취업에 성공했다고 한다. 이외에 우리가 전혀 눈여겨 보지도 않는 학교에서 열심히 공부해서 현지에서 당당히 취업에 성공한 사람들이 적지 않다. 그래도 여전히 학교가 제공해주는 서비스에 불만이 있다면, 공론화해서 고치면 된다.

셋째, 해외에서 경험을 쌓았다고 다 좋은 건 아니다. 3년 전 여름, 국내 화학 회사로부터 마케팅 전략 전문가를 찾아달라는 의뢰를 받았다. 해외 MBA 혹은 MS 마케팅 전공자를 선호하고, 현지 경력이 있는 사람은 우대해준다는 조건이었다. 가지고 있는 인력 데이터베이스를 기초로 해당 포지션에 맞는 후보자를 찾기 시작했고, 이력서 한 장이 눈에 띄었다. 미국에서 나름 괜찮은 명성이 있는 MBA 과정을 졸업한 후, 일본계 상사에서 마케팅 매니저로 근무하고 있는 후보자였다. 이직에 관심이 있는지를 물었지만, 몇 번의 통화 끝에 "연봉이 낮아서 가지 않겠다"는 답변을 받았다. 회사의 인사 담당자는 연봉에 대해서는 얼마든지 후하게 줄 수 있다고 해서 우선, 그 후보자가 현재 미국에서 받고 있는 연봉이 얼마인지를 조사해보았다.

　제휴를 맺고 있는 미국의 헤드헌팅 회사에 문의한 결과, 그가 다니고 있는 일본계 상사는 일본에서 간장류 등의 식품을 조달해서 미국의 아시아 식료품점에 판매하는 사업을 하고 있었고, 일이 고되기 때문에 취업 비자를 지원해주는 대가로 동양계 유학생들을 채용한다는 것이었다. 연봉이 낮아도 미국에 체류할 수 있다는 사실 하나로 취업을 하는 유학생들이 더러 있다는 설명도 추가로 들었고, 그 후보자도 그런 유학생들 중 한 명이었다.

　물론, 지금은 고생하더라도 나중에는 더 좋은 기회가 올 것이라는 희망을 저버리면 안 된다. 실제로 밑바닥부터 치고 올라가 좋은 커리어를 쌓고 있는 사람도 있다. 다만 구체적인 플랜이 없는 막연한 희망은 '평가 절하'라는 부메랑으로 돌아올 수도 있다. 특히 요즘처럼 국제전화 한 통만 해보면 대략적인 정보를 얻는 것이 어렵지 않은 시대에서는 말이다. 국내 기업들도 예전처럼 무조건 해외 인력을 선호하지는 않는다는 사실을 명심하고, 영원히 해당 국가에 머물 생각이 있는 게 아니라면, 현지 경험이 경력 계발에 도움이 될지를 면밀하게 검토해야 할 것이다.

4

해외 취업 확률을 높이는 방법

적어도 매주 한 번 이상은 유학생들로부터 "취업은 어떻게 준비하지요?" 혹은 "인터뷰 연습은 어떻게 해야 하나요?" 등의 질문들이 카페에 올라온다. 답을 하자면 다음과 같다.

첫째, 커리어 센터를 적극적으로 활용하자. 미국 대학은 커리어 센터가 잘 발달되어 있어 정기적으로 취업 세미나를 열어 이력서 쓰는 방법, 인터뷰 노하우 등을 알려준다. 학기 중에도 이력서 리뷰(resume review), 실전 인터뷰 연습(mock interview) 등의 서비스도 제공하므로, 이러한 기회를 십분 이용해야 한다(어떤 학교는 멘토 제도를 운영하며 직장을 다니는 동문들과 연결해주기도 한다). 커리어 센터 직원들을 개별적으로 만나기 위해서는 보통 사전에 예약을 해야 하는데, 언젠가 열심히 취업 준비를 하던 한국 유학생이 들려준 이야기가 아직도 기억에 난다.

"학교 커리어 센터에 가봤더니 중국 학생들이 예약을 다 해놔서 시간을 잡기가 어려웠어요!"

간혹 커리어 센터 직원들은 "이 정도면 이력서 잘 썼다" 혹은 "인터뷰 그 정도면 잘한 거다"라는 칭찬으로 대충 끝내려는 경우도 많다. 내가 유학 컨설팅 시 작성을 도와준 이력서와 커리어 센터에서 리뷰를 거친 이력서 간의 차이가 거의 없는 경우가 많다는 사실이 이를 뒷받침한다. 유학 시절 커리어 센터에 가서 인터뷰 연습을 요청한 적이 있었는데 그때도 상황은 크게 다르지 않았다. "너 인터뷰 잘했어. 그 정도면 아주 좋아"라는 칭찬(?)으로 마무리를 하려는 직원을 보면서 느낀 점이다. 실제로 그다지 잘한 것이 아니라는 느낌이 스스로 들었는데도 말이다. 이럴 때는 "칭찬해주셔서 감사합니다. 그런데 좀더 보완해야 할 점이 무엇인지 알려주면 더욱 고맙겠습니다"라고 답하고, 계속 만나자고 조르면서 '나'라는 사람이 누구인가를 확실하게 인지시켜야 한다. 덧붙이자면, 그들에게 부탁을 하는 게 아니라 요청을 한다고 생각하기 바란다. 커리어 센터 직원을 포함해서 학교의 행정 직원들은 여러분이 낸 학비를 받고 고용된 직원이기 때문이다(사실 유명 톱 스쿨의 커리어 센터 디렉터 급의 연봉은 무시 못할 수준인 경우도 많다).

현지 취업만을 위해서가 아니라 국내 취업을 위해서도 이력서와 인
터뷰는 중요하다. 얼마 전 미국에서 학부를 졸업한 지인의 자녀가 국
내 대기업의 1차 면접을 가게 되었는데, 면접을 도와주면서 국내 대
학생 대비 회사 정보 수집, 이력서, 인터뷰 요령 등에 대한 사전 준비
가 충분치 않음을 알게 되었다. 결국 취업 준비를 하는 과정에서 핵심
은 얼마나 부지런히 뛰어다니느냐에 달려 있다.

둘째, 가급적 많은 회사들과 인터뷰를 하자. 학교를 찾아오는 각 기
업의 HR 담당자가 학생들에게 던지는 질문은 매우 다양하며, 이력서
상의 약점을 집중적으로 물어보는 경우도 있다. 많은 회사들과의 인
터뷰 경험은 약점을 보완하거나 향후 입사하기를 희망하는 회사와의
인터뷰를 준비할 때도 도움이 되므로, 처음에는 관심 없는 업종이나
회사라고 해도 인터뷰를 요청해보는 것도 취업 확률을 높일 수 있는
방법 중 하나이다.

뉴욕, 로스엔젤레스, 보스턴 등의 대도시에서 정기적으로 열리는
커리어 페어(Career Fair)에도 참가해보도록 하자. 대규모의 커리어
페어의 경우 수백 개가 넘는 회사가 참여한다. 채용보다는 홍보가 목
적인 회사들도 있지만, 열심히 자신을 어필하다 보면 인터뷰 오퍼를
받는 행운을 누릴 수도 있다. 작년 일리노이 주립대에서 회계학 석사
를 마친 분이 뉴욕 딜로이트에 취업했는데, 보스톤에서 열린 커리어
페어에서 기회를 잡았다. 서두에 언급한, 뉴욕의 투자은행에 취업한
조유진 학생도 같은 행사에서 잡 오퍼를 받았다. 그 이유는 아시안

제2장 세상은 넓고 할 일은 많다

유학생들을 채용하려는 회사들도 참여하기 때문이다. 혹시라도 페어가 열린다는 정보를 알면서도 공유하지 않은 다른 학생을 원망했다면, 정보를 수집하는 일을 게을리한 자신을 원망하는 게 먼저일 것이다. 수동적인 자세로는 해외에서 취업하기란 하늘의 별 따기만큼이나 어렵다. 보스턴 커리어 페어에 참석한 한 유학생의 경험담을 소개한다. 회계학 석사를 공부하는 도중 페어에 참석, 행사장에서 취업이 되었다.

커리어 포럼의 주최는 CFN이고, http://www.careerforum.net에 자세한 정보가 나와 있고 몇 달 전부터 참가 회사 목록이 뜬다. 커리어 포럼 날짜가 다가오면 회사별로 지원 창이 뜨는데 가기 전에 미리 지원을 해도 되고 아니면 커리어 포럼에 가서 Walk-in으로 바로 지원을 해도 된다. 대부분 회사가 Walk-in Available이라고 되어 있으니까 얼굴을 보고 지원하는 게 소통이 바로 되므로 더 좋을 것이다. 하지만 어떤 회사는 미리 지원해 놓은 지원자 중에서만 개별 연락을 통해 포럼 당일에는 인터뷰만 진행하는 회사도 있으니 참석 전에 관심있는 회사에서는 어떤 식으로 고용하는지 CFN 홈페이지에서 확인을 해두는 게 좋다.

커리어 포럼 3개 중에 보스톤에서 열리는 것이 규모가 가장 크다고 한다. 포럼에 들어가면 학교에서 열리는 커리어 페어와는 규모가 다르다는 것을 느낄 수 있다. CFN에서 열리는 커리어 포럼은 일본어, 영어 가능자를 위주로 뽑는 것이고, 일본으로 돌아가서 일하는 사람을 뽑는 회사가 많아 다수

어학연수, 가지마라

의 지원자가 일본인이었고, 중국인이나 한국인들도 꽤 많이 보였다. 그리고 미국에 법인이 나와 있는 일본기업이나 미국 기업의 Japanese Practice에서 인력을 뽑는 경우도 많다. 그러므로 일본어가 유창하다면 이 포럼에서 직업을 구하는 것이 매우 유리할 것이다. 하지만 일본어를 못하더라도 IB를 비롯한 글로벌 기업들이 많이 참가하고 있고, 글로벌 기업의 경우는 일본, 홍콩, 싱가폴, 한국 등 아시아 지역에 보낼 인력을 채용하는 경우도 적지 않다. 대부분 친절하게 질문에 대해 답변을 해주니 그냥 포기하지 말고 꼭 문을 두드려보기 바란다.

대부분의 회사들이 1차 인터뷰는 기다릴 필요 없이 포럼장에서 바로 진행된다. 학교에서 열리는 커리어 페어의 경우는 이력서를 제출하고 또 인터뷰 날짜까지 몇 주를 기다리는 것이 일반적인 데 반해 보스턴 포럼에서는 당일에 바로 원하는 기업과 인터뷰를 할 수 있는 것이 최대 장점이다. 1차 인터뷰를 패스하면 바로 그 자리에서 2차 면접 일정을 잡아준다. 나는 1차 면접을 오후 2시쯤, 2차 면접을 오후 5시에 했고, 당일 저녁 식사에 초대되었다. 저녁 식사는 회사마다 달라 하는 회사도 있고 안 하는 곳도 있지만, 일단 하는 회사라면 이에 초대되는 것은 매우 좋은 징조라고 볼 수 있다. 식사 자리는 그 어떤 인터뷰 못지않은, 혹은 보다 더 중요한 절차일 수도 있다. 1차 인터뷰 때 회사와 관련된 질문을 받았는데 대답을 못해서 그날 밤 회사 홈페이지를 뒤져 질문에 대한 답안을 준비해두었다. 다음날 3차 인터뷰에서 다른 사람으로부터 똑같은 질문을 받았고, 준비된 답을 했던 기억이 난다. 또한 이런 자리는 밥을 먹기 위한 곳이 아니라 면접의 일

제2장 세상은 넓고 할 일은 많다

부일 뿐이니 너무 밥만 먹는 것보다는 자연스럽게 대화에 잘 섞이는 게 중요하다. 내가 인터뷰를 한 회사는 지원한 부서에서만 세계 각국에서 20명이 넘는 리쿠르터가 왔고, 디너 중에 계속 그 분들이 테이블을 옮겨가며 지원자 개개인과 모두 대화를 시도했다. 식사 후에는 폴라로이드 사진까지 찍어서 가지고 갔다. 2차 디너를 마치고 두 시간 후, 다음날 아침에 포럼장에 나오라는 전화를 받았다. 그리고 바로 오퍼를 받았다. 결국 최종 합격 여부는 마지막 디너에서 결정되는 것 같다. 실제로 2차 디너 때 디너 테이블에 있던 지원자 4명 중 말수가 적었던 2명은 그날 밤 전화를 받지 못했고 다른 2명은 전화를 받았다. 거기서 우연히 일본인인 학교 동기를 만났는데 그 친구 또한 다른 회사의 디너에 초대되어 갔다가 다음날 아침에 바로 오퍼를 받았다.

첫 번째, 두 번째 날에 걸쳐 지원자를 선발한 후, 세 번째 날 오전 중으로 오퍼를 주고 철수를 하는 포럼의 특성상, 1차 인터뷰를 보고 몇 주 후 연락을 주겠다고 하는 회사들은 대부분 불합격이라고 생각하면 될 것 같다. 경험에 의하면 이 포럼을 마치기 전에는 다들 오퍼를 받았다. 학교에서 했던 수많은 인터뷰는 기다리고 또 기다리는 경우가 많았는데 보스턴 포럼에서는 바로바로 결과를 알 수 있으니 오히려 마음이 편했다.

참가 기업 수가 많은 만큼 지원하고 싶은 회사도 많을 테니 이력서는 최소한 20장 이상 들고 가는 것이 좋다. 가기 전에 참가 신청을 하면 Travel Scholarship도 신청할 수 있으니 여행 경비를 줄일 수도 있다. 그리고 노트북을 꼭 소지하고 가라는 말을 하고 싶다. 참가하는 기업 수가 많다 보니 예

어학연수, 가지마라

상치 못했던 회사와도 인터뷰를 할 수 있는데, 급하게나마 리서치를 해야 하기 때문이다. 또한 컨벤션홀이 너무 커서 건물 입구에 들어가서부터 짐 맡기고 행사장까지 들어가는 데 20~30분은 소요된다. 들어가서도 그 많은 회사를 둘러보고 인터뷰를 하려면 체력을 비축하고 가야 한다. 가기 전에 엄청 걸을 생각을 하고 여자분의 경우엔 편한 신발을 신고 가서 짐을 맡길 때 구두로 갈아신으라는 조언을 꼭 해주고 싶다. 안 선생님에게 얻은 정보만 믿고 찾아갔던 커리어 포럼인데 가보길 정말 잘한 것 같다. 미국에 남는 길은 회계법인밖에 없다고 생각했었는데, 기대도 안했던 IB 쪽으로 가게 된 것이다.

셋째, 교수의 네트워크를 이용해보자. 정규직으로 취업을 하기 위해서는 인턴을 잡는 것이 중요하다는 사실에 대해서는 많이들 알고 있지만, 교수와 친해지라는 이야기는 처음 접하는 사람들도 많을 것이다. 아래의 세 가지 예가 충분한 설명이 되었으면 한다.

중부에 있는 소위 '비명문' MBA 과정을 다닌 학생은 유학생을 유치하기 위한 학교의 마케팅 활동을 열심히 도왔다. 졸업 시점에서 현지에서 사업을 하고 싶다고 하자, 교수가 보증을 서주었다. 사업체를 운영하면서 2년 만에 영주권도 받았다. 예전부터 박사 학위 취득이 목적이었는데, 교수로부터 추천서도 잘 받아서 장학금을 받는 조건으로 명문 대학에서 어드미션을 받았다. 학교를 위한 공헌이 교수의 신뢰를 얻어 좋은 결과를 얻은 경우이다.

동부의 부동산 석사 과정에서 공부하던 한국 유학생은 학과 관련 일을 열심히 도와 교수의 눈에 들었고, 유명 부동산 투자회사들로부터 인턴십 오퍼를 받았는데, 교수의 추천이 큰 도움이 되었다. 당시 미국의 부동산 금융업계는 최악의 상황이었다.

중부의 재무 석사 과정에 입학한 중국 유학생은 교수의 연구조교(research assistant)로 일을 했는데, 미국 굴지 항공사의 재무팀에 지원했고, 입사 당시 제시 받은 연봉은 명문 MBA들이 받는 금액과 동일한 수준이었다. 지원 당시 교수가 써준 추천서가 상당한 영향을 발휘했다. 이 학생이 다닌 학교 역시 소위 '비명문대' 였다.

위에 예로 든 좋은 결과들은 학교나 학과에 대한 공헌에 대한 보상이었다. 클럽 활동이나 학과 활동을 열심히 하면 취업에 도움이 될수 있다는 이야기는 그냥 하는 것이 아니다.

교수 이외에 활용할 수 있는 네트워크는 동문들이다. 요즘은 온라인 시스템 덕분에 동문들이 다니는 회사나 연락처를 조금만 노력하면 쉽게 구할 수 있다. 관련 자료를 얻는 방법은 학과 사무실이나 커리어 센터, 학교 한인 학생회를 접촉하는 것이다. 운이 좋으면 가고 싶은 회사에서 일하는 동문들도 알게 될 수 있고, 한국 동문 선배와 연락할 기회를 가질 수도 있다. 사람에 따라 다르긴 하지만, 취업을 위한 팁을 주거나 심지어는 자신이 다니는 회사에 추천을 해줄지도 모른다.

어학연수, 가지마라

물론 해야 할 말들을 미리 잘 준비해서 답변을 해주는 사람으로 하여금 무례하다고 느끼거나, 답변을 해주는 데 시간을 많이 빼앗긴다고 생각하는 경우가 없도록 하자.

넷째, 현지의 헤드헌터에게도 이력서를 보내자. 2006년, 미국 중부에서 세무 석사를 마친 사람이 있었는데, 서부에서 오퍼를 받은 포지션 중 하나가 한국 기업을 인수한 회사였다. 미국 기업 중 한국에 있는 기업들과 새로운 비즈니스를 시도하는 기업들은 후보자를 찾기가 어려울 경우 현지 로컬 헤드헌팅 회사를 통해 후보자 서치를 의뢰하는데, 이 사람도 현지의 헤드헌터를 통해 잡 오퍼를 받았다. 헤드헌터들은 후보자 추천을 통해 기업에서 보수를 받으므로, 좋은 후보자라고 생각하면 외국인이더라도 적극적으로 움직이는 경우가 있다. 헤드헌팅 관련 온라인 포털로도 구인 정보를 얼마든지 얻을 수 있다. 몬스터닷컴(www.monster.com), 인디드닷컴(www.indeed.com), 볼트닷컴(www.vault.com) 등이 대표적인 취업 포털이고, 한 분야에 특화된 포털도 있다. 예를 들어 이파이낸셜커리어닷컴(www.efinancialcareer.com)은 세계 주요 금융 시장의 커리어 정보를 제공한다. 모기지보드닷넷(www.mortgageboard.net)도 금융 관련 채용 정보를 비롯하여 다른 잡 포털과 연결이 되어 있어 검색에 따른 시간 낭비를 줄일 수 있다. 이밖에도 http://asian-jobs.com 등 아시아권 바이링구얼 프로페셔널을 위한 커리어 포털이 있으며, http://jobus.kita.net/us/main.jsp와 같이 한인들의 현지 채용 공고를 검색할 수 있는 사이트가 있다.

영어가 약한 유학생들에게는 다개국어가 가능하다는 점을 강점으로 내세울 수 있는 취업 기회를 찾는 것이 효과적이고, 방법으로는 키워드 검색을 이용하면 된다. 예를 들어 한국어를 잘하면 Korean 혹은 Korean bilingual, 일본어를 잘하면 Japanese, 혹은 Japanese Bilingual, 회계 포지션을 찾는다면 Korean accountant 혹은 Korean accounting 등을 키워드 검색란에 입력하면 관련 인력을 뽑는 포지션을 보다 쉽고 빠르게 검색할 수 있다. 아쉽게도 Korean을 치면 많은 포지션이 올라오지는 않지만, 가끔 회계 재무 관련 한국어 가능자를 채용하는 포지션이 올라오기도 하므로 매주 한 번 정도는 검색을 해볼 것을 권한다.

다섯째, 인턴 기회를 잡기 위해 노력하자. 인턴십 경력은 특히 불경기에 정규직을 잡는 데 상당한 도움이 된다. 최근 동부에서 회계 석사 과정을 마치고 뉴욕의 Big 4에 입사한 두 사람은 인턴십 경력을 발판삼아 풀타임 오퍼를 받았다. 가능하면 인지도가 높은 회사에서의 인턴이 좋지만, 작은 회사이거나 무급 인턴이라도 좋다. 당연한 이야기겠지만, 미국 회사들은 기업 문화에 적응을 잘할 가능성이 높다고 판단되는 지원자를 선호한다. 참고로 중국 학생들 중에는 미국에 입국하기 전부터 인턴을 잡아오는 학생이 있을 정도로 적극적이다.

시골에 있는 학교들은 주변에 회사가 많지 않아 인턴 기회를 찾기가 쉽지 않다. 물론 회사에서 학교를 방문해서 인력을 채용하는 경우도 많지만 이런 기회들을 기다리기만 하면 그만큼 기회도 적어지므로, 학교 주변의 회사들을 직접 방문해서 인사 담당자에게 이력서를 전달하는 시도를 해보기 바란다(물론 사전에 전화로 방문 시간을 예약해야 한다).

실제로 MBA 과정에 재학할 당시 주변 회사를 직접 방문해서 서머 인턴을 잡은 학교 선배도 있었는데, 졸업 후 미국 중부의 은행에 취업하는 데 많은 도움이 되었다. 물론 시작 단계에서는 어렵게 느껴지겠지만, 시도를 거듭하면서 적극적으로 변하는 자신의 태도를 발견할 수 있을 것이다. 인턴을 잡기 위해 외국인의 채용에 우호적인 회사를 중심으로 타깃 서치를 하는 것도 효과적인 방법이다. 다음의 〔표6〕은 유학생을 고용한 적이 있거나 인터뷰 기회를 제공한 미국 회사들의 자료이다.

여섯째, 한국 현지법인 혹은 한국계 회사도 고려해보자. 얼마 전 국내 모 자동차 회사의 공장이 미국 중남부 지역에서 가동을 시작하면서 자동차 부품 업체들도 현지 법인을 설립하기 시작했다. D사, H사, C사 등 국내 굴지의 그룹사들도 현지 기업을 인수 합병하거나 시장 조사를 위한 지사를 설립하면서 유학생을 채용하는 사례가 조금씩 늘고 있다. 해당 업체들의 인사 담당자들로부터 인력 추천 의뢰를 받은 적이 있었는데, 그들의 고민은 다음과 같았다.

"헤드헌팅 에이전시를 이용하자니 비용이 만만치 않고, 자체적으로 인력을 찾자니 인재를 찾기가 어렵다. 특히 연봉을 맞춰주기가 상당히 어렵다."

[표6] 유학생을 고용한 적이 있거나 인터뷰 기회를 제공한 미국 회사

Abbott Laboratories	DMG World Media	May Department Stores
Accenture	Duff & Phelps LLC	McKinsey & Co.
ACNielsen BASES	Emerson Electric Co.	Merrill Lynch
Adolphus Consulting Group	Ernst & Young	Microsoft Corporation
AG. Edwards & Sons, Inc.	FactSet	Monsanto Company
Agent Sites to Go	First Investors Corporation	Murphy Oil Corporation
Al Qabbas Intl. Real Estate	Financial Stocks, Inc.	National Oilwell Varco
American Commercial Lines	Gap, Inc.	National Petroleum Corporation
American Express	Goldman Sachs & Co.	Northern Trust Co.
American Management Systems	GMAC	Northwestern Mutual
Arrow Electronics, Inc.	Handleman Company	Ortho/McNeil Pharmaceutical
A.T. Kearney, Inc.	Hershey Chocolate	PricewaterhouseCoopers LLP
Aura Financial Services	Hewitt Associates	Procter & Gamble
Banc of America Securities	Harris Bank	Public Consulting Group, Inc.
Bain & Company	Hill-Rom	Pulte Homes
Bank of America	Hilton Hotels	Putnam Lovell Securities
Baxter Healthcare Corp.	Hissho Sushi	Robert Bosch Corporation
Bay Partners	HOPE Foundation	Roche Diagnostics
Bear, Stearns & Co. Inc	Houlihan Lokey Howard & Zukin	Rolls-Royce Corporation
Bradford Bank	Huron Consulting Group	Samsung Electronics N.A.
Braun Consulting	Hyatt Hotels	Smith Barney
Capgemini U.S. LLC	Ingersoll-Rand Company	Sony Entertainment
Cardinal Health	J-L	Sears Holdings Corporation
Cargill Steel	JC Penny	SG Capital
Caterpillar, Inc.	Johnson & Johnson	Siemens Energy & Automation
C.H. Robinson Worldwide	J.P. Morgan Chase & Co.	SIRVA
CIGNA Corporation	J.P. Morgan Securities, Inc.	Staples, Inc.
Cintas Corp.	Kai Shing Property Management	Stark Investments
Citadel Investment Group	Katz, Sapper & Miller LLP	Sunshine Bouquet Company
Citibank, NA	Keefe, Bruyette & Woods, Inc.	Toys "R" Us
Coleman, Epstein, Berlin & Co.	Kimball International	UBS Investment Bank
Credit Suisse First Boston	KPMG	United Airlines
Crowe Chizek & Company LLC	KUBER INFOTEK, LLC	VM-G Consulting
Cummins, Inc.	LECG	Wachovia Securities
Deloitte (Accounting)	Lehman Brothers	Wal-Mart Stores
Deloitte Consulting	LG Electronics	Wolf Gartenl
Delphi Delco Electronics	M3 Capital Partners	Wolverine Trading
Deutsche Bank Securities	Macy's	Zimmer, Inc.
Disney College Program	MasterBrand Cabinets	

어학연수, 가지마라

실제로 안면이 있는 유학생들에게 연락을 하면 "회사의 분위기가 한국 같다면, 그리고 연봉이 낮다면 가고 싶지 않다"라는 답변이 돌아오는 경우도 적지 않다. 현지법인들은 연봉은 낮아도 보험 등의 복지 혜택이 미국 내에서도 최고 수준인 경우가 많다. 의료보험 등 보험료가 부담이 되는 미국에서는 실제로 적지 않은 소득 증대 효과가 있다. 또한 첫발을 들이기가 어려운 것이지, 일단 경력을 쌓아나가기 시작하면 노력 여하에 따라 이직 등의 기회는 많다. 따라서 언어적인 문제, 문화적인 차이 등으로 어려움을 느낀다면 현지법인 근무는 중장기적인 관점에서 좋은 대안이 될 수 있다. 2년 전, 중부 지역에서 회계학 석사를 마친 유학생으로부터 취업을 부탁 받았다. 마침 서부에 위치한 현지법인의 회계 부서에 결원이 생겨서 추천을 해줬다. 언어 문제로 스트레스를 받고 있었는데, 입사 후 현지의 분위기를 익힌 뒤 2년 후 회계법인으로 자리를 옮겼다. 이처럼 익숙한 업무 분위기에서 경험을 쌓아나가면서 자신의 단점을 보완해가는 것도 방법이다.

관련 정보들을 얻는 방법은 크게 세 가지이다. 하나는 미국에 진출한 현지 기업들의 정보를 취합하여 관심 있는 곳에 연락을 해서 채용여부를 직접 물어보는 것인데, 코트라와 같은 사이트에 들어가면 해외에 진출한 한국계 기업들의 리스트와 연락처를 얻을 수 있다. 다른 하나는 한인들을 위해 발행되는 주요 일간지에 나와 있는 잡포스팅을 참조하는 것이다. 온라인에서는 발견되지 않는, 지역 단위의 채용 공고들을 발견할 수 있다. 각 유명 대학의 한인 학생회 사이트에도 구직자 공고가 올라와 있는 것을 심심치 않게 발견할 수 있다. 아래는 한인학생회 게시판이 비교적 활발하게 운영되고 있는 대학들의 홈페이지이다(주소가 바뀌는 경우도 가끔 있다).

한국에서 직접 해외로 진출할 수도 있다. 국내에서 해외로 진출하는 사례는 글로벌 기업뿐만 아니라 대기업, 벤처기업 등 다양하다. 개인적으로 해당 사례가 가장 이상적인 옵션이라고 생각한다. 유학 비용도 들지 않고, 신분도 확실하며(영주권 발급도 주재원 비자로 나갈 경우 가장 빠르게 받을 수 있다) 시간이 허락한다면(물론 어렵겠지만) 야간에 MBA 등을 다닐 수도 있다. 물론 전제는 업무 능력과 더불어 외국어 실력을 인정 받는 것이다.

[표7] 한인학생회 게시판이 활발하게 운영되는 대학

Arizona State University	http://www.ksa-asu.com/zb41pl7/asubbs/zboard.php?id=career
Illinois Institute Technology	http://www.ksaiit.org/
Michigan State University	https://www.msu.edu/user/kso/
University of Minnesota	http://www.mkgsa.org/zbxe/index.php
New York University	http://www.nyukgsa.com/
Pennsylvania State Universitiy	http://www.psuksa.org/
State University of New York, Albany	http://uakorea.org/
Stanford University	http://www.stanford.edu/group/ksas/cgi-bin/main.php
University of Georgia	http://www.uga.edu/ksa/
University of Michigan	http://www.umich.edu/~ksag/

어학연수, 가지마라

글로벌 기업에서 능력을 인정 받아 해외로 발령 받는 경우를 살펴보면, 본사보다 시장 상황이 훨씬 치열한 곳에서 좋은 성과를 거둔 점을 인정 받는 경우나 한국 시장 잠재력을 보고 향후 재파견할 목적인 경우, 본사에서 트레이닝을 받을 기회가 간혹 제공된다. 다른 국가의 지사에 근무하던 직원이 그만두게 되어 해당 포지션이 비게 되는 경우도 있다. 회사에 따라서는 각국 직원들의 로테이션을 적극 권장하는 회사도 있다. 문화적 차이로 인한 직원들 사이의 이질감을 극복하게 하려는 회사의 인사정책에서 비롯된다(최근 접한 사례는 글로벌 제약회사, 금융정보 제공회사, 그리고 소비재 기업이었다). 본인이 해외 근무를 적극적으로 요청하여 승낙을 받는 경우도 있다. 외국계 보험사 재무팀 매니저로 근무하다 아시아 지역 헤드쿼터로 옮기거나, 국내 Big 4 회계법인 중 한 곳에서 근무하다 같은 회사의 시카고 오피스에 자원한 사례 또는 다국적 기업의 엔지니어가 본사 R&D 센터에 파견되는 경우 등이 이에 해당한다. 국내 회계 법인 중 해마다 우수 직원들을 해외의 파트너사에 파견, 실무를 경험할 수 있도록 지원해주는 제도도 있다.

국내 기업들이 해외 사업을 확장하면서 주재원 형태로 나가는 경우도 늘어나고 있는데, 가능성을 높이려면 회계 등 관리 분야에서 경력을 쌓는 것이 유리하다. 세일즈, 마케팅과 같은 직군은 현지 사정을 잘 아는 현지인이 필요한 반면 관리 직군의 경우 본사와 지사 간의 매개 역할을 할 수 있는 직원이 필요하기 때문이다.

　해외 지사가 많은 중견 기업에 입사하는 것도 해외 근무 확률을 높일 수 있는 방법이다. 최근에는 자동차 관련 중견 기업들이 해외에 많이 진출하고 있다. 벤처캐피탈로부터 기술력을 인정 받아 자금을 유치하려는 회사도 있고, 법적인 규제를 피해서 연구를 지속하기 위해 진출한 회사들도 있다. 얼마 전 줄기세포를 연구하는 벤처기업이 법적인 규제를 피하기 위해 미국으로 진출하면서 해당 분야 연구 경력자를 한국에서 채용한 후 미국으로 파견한 적이 있었는데, 취업비자 스폰서 및 자녀 교육비 지원이 포함된 조건이었다.

　세계적으로 잘나가는 산업군에 속한 회사들에서도 해외에서 경력을 쌓을 수 있는 기회가 있다. 예를 들어 온라인 게임회사들은 미국이나 중국으로 사업을 확장하는 경우가 많은데, 글로벌 마케팅팀 등에서 경력을 쌓다보면 해외 법인에서 경력을 쌓을 수도 있다. 이런 기회들을 잡으려면 평소 어떤 업종이 해외로 진출할 가능성이 높은지, 경쟁력은 있는지 등에 대한 리서치를 하는 데 시간을 투자해보길 권한다.

　이외에도 뛰어난 기술력을 바탕으로 해외 시장에서 매출을 확대하기 위해 비즈니스 파트너십 기회를 노리는 회사들도 있다. 아래의 채용 공고는 해당 분야에서 기술력을 인정받은 중견 벤처에서 낸 구인 공고이다. 구직자가 활동할 지역은 로스앤젤레스이고, 주요 업무는 마케팅 및 전략 제휴이다.

- 근무지: Los Angles

- 담당 업무: 새로운 고객 개발 및 기존 업체 관리, 전략적 제휴, M&A 계획 수립

- 자격 요건: 관련 경력 3~5년 이상, 영어 유창

마지막으로, 외국계 회사에서 경력을 쌓는 것도 좋은 방법이다. 많은 글로벌 기업들이 채용 과정부터 업무 환경에 이르기까지 해외의 본사와 동일한 시스템을 적용하기 때문이다. 예를 들어, 많은 외국계 기업들이 채용 시 외국어 실력, 프레젠테이션 기술, 과외 활동 등 후보자의 자질을 다양하게 평가한다. 국내에 진출한 지 오래되어 한국 문화가 혼재되어 있거나 글로벌 전략컨설팅 회사·투자은행과 같이 고객사의 핵심 인력을 상대하는 회사는 직원들의 출신 학교를 중요하게 여기지만, 국내 대학 중 어느 대학이 명문인지에 관심조차 없는 회사도 있다. 따라서 학벌로 인해 스트레스를 받는 학생들에게는 좋은 기회가 될 수 있다. 실제로 외국계 기업에서 좋은 경력을 쌓은 이들의 이력서를 보면 명문대 출신이 아닌 경우도 심심치 않게 접한다. 특히 여성의 경우 외국계 회사에 가는 게 유리할 수 있다. 국내 기업에서도 여성 임원이 탄생하기는 하지만, 내부 승진을 하는 경우는 아직 드물고 타 회사에서 경력을 쌓은 후 이직한 사람들이 많다. 외국계 기업의 또 다른 장점은 외국어 구사 능력 향상이다. 향후 더 많은 커리어 기회들을 잡는 데 유용한 도구가 될 것이다.

외국계 기업들의 채용 공고를 보면 요구사항이 구체적으로 나와 있

제2장 세상은 넓고 할 일은 많다

는 경우가 많다. 다음은 모 회사에서 낸 구인 공고이다.

Roles and Responsibilities:

- Prepare financial modeling, presentations, and business plans of the team.

- Develop and manage revenue forecasts and budgets of the team.

- Identify business issues and derive analytical framework to address them.

- Perform complicated and accurate analyses to prove impact of business development initiatives.

- Drive business requirements for scaleable reporting and business intelligence tool.

- Design and conduct operational impact analyses of new markets, new products and business process changes.

- Identify trends and perform analyses as needed with other teams.

공고를 보는 순간 경력직을 뽑는다고 생각할지도 모르지만, 신입 사원 채용 공고이다. 공고를 보는 순간부터 겁을 먹는다고 하는 학생들이 많은데, 위의 내용을 모두 만족할 학생이 얼마나 되겠는가? 핵심적인 사항 몇 개만 만족하면 충분히 지원 가능하다.

이렇게 설명을 해주어도, 여전히 지원할 자격이 있는지에 의문부호를 다는 학생들이 많다. 그럴 때마다 이렇게 답해준다. "자신을 너무 과소 평가 하지 마라. 차라리 과대 평가를 해라."

어학연수, 가지마라

해외 기업 혹은 국내에 진출한 외국계 회사에서 잘나가는 사람들을 보면 자기 잘난 맛에 살거나 자신감에 넘치는 사람들이 많다. 객관적인 평가는 시장에서 테스트를 받아보면 되고, 만약 좋은 결과가 나오지 않는다고 해도 도전하는 과정에서 무엇을 보완해야 할지를 알게 될 것이다.

다음은 회계학 석사 과정을 마치고 미국의 회계법인에 입사한 유학생과의 인터뷰이다.

취업 시 가장 중요한 것은 뭐라고 생각하나?

치열한 경쟁을 이겨내기 위해서는 남들보다 부지런하게, 열정적으로 움직이는 것이 중요하다고 생각한다. 주변에 취업하고 싶어하는 사람들은 많지만 열정적으로 부지런하게 움직이는 사람은 많이 못 본 것 같다. 영어, 학점 다 중요하지만 이를 뒷받침하는 것은 열정이라는 걸 잊지 마시기 바란다.

영어를 얼마나 잘해야 한다고 생각하나?

나를 포함하여 취업에 성공한 동료들을 보고 느낀 점은, 네이티브 수준의 영어 실력이 꼭 필요한 것은 아니라는 것이다. 중국이나 인도 학생들은 억양이 정말 세서 알아듣기 어려울 정도이다. 하지만 수업 도중 자신의 생각을 분명히 밝힐 수 있거나, 공식적인 자리에서 영어로 이야기할 때 자신의 영어 실력 때문에 주눅이 들지 않는다면 영어 때문에 문제가 될 것 같진 않다.

제2장 세상은 넓고 할 일은 많다

사실 그 정도의 실력을 갖추는 것도 쉽지는 않다

자연스러운 영어 능력은 학교 아르바이트라든가 인턴십 경험, 클럽 활동 등을 통해 배울 수 있다. 나는 이런 기회들을 접하기 위해 노력했고, 이런 부분들이 쌓이고 쌓여서 영어 구사가 자연스러워진 것 같다.

노골적인 질문이지만, 학점은 얼마나 좋아야 하나?

잡 포스팅을 보면 주로 3.0 이상이라고 나와 있지만, 3.5 이상 되면 좋을 것 같다. 학점은 성실성을 평가하는 데 있어 객관적인 요소이기 때문에 중요하게 생각하는 것 같다.

한국 유학생들이 가장 어려워하는 부분이 바로 네트워킹인데, 본인의 경우는 어떻게 했나?

회계 관련 학생 클럽에 가입을 했는데, 회사에서 인정받은 동문들이 와서 강연을 하기도 하고, 회사의 인사 담당자들도 학생들과 교류를 한다. 수업 이외의 활동인 데다 다양한 클럽 활동을 하기 때문에 부지런해야 한다.

학교의 커리어 센터는 많이 이용했는가?

글로벌 회계법인의 인사 담당자들은 학교들을 정기적 방문하여 학생들과의 상담 시간을 갖기도 한다. 커리어 센터에서도 많은 채용 정보를 얻을 수 있으니 적극 활용하기 바란다. 이력서 수정이나 인터뷰 연습 등의 기회도 주므로 적극 이용할 것을 추천한다.

어학연수, 가지마라

인턴 활동이 취업에 도움이 되었나?

유명한 회사에서 인턴을 하는 것이 가장 좋겠지만, 조그만 로컬 회사들에서도 다양한 인턴 기회가 있다. 어떤 인턴십이든 면접 과정에서 좋은 화젯거리가 될 수 있다. 나도 그다지 유명하지 않은 곳에서 인턴을 했지만, 나중에 글로벌 기업들과의 인터뷰 시 강점을 부각시킬 수 있는 좋은 소재가 되었다.

인사 담당자와 인터뷰를 하면서 중요하다고 생각한 것이 있다면?

평소에 미리 준비하길 권한다. 그리고 좋은 학점과 다양한 경험도 중요하겠지만, 공통의 관심사가 있다는 것도 중요하다. 인터뷰 시 어떤 방향으로 진행될지 모르기 때문이다. 사실 오랜 시간 동안 딱딱한 얘기만 한다는 건 인사 담당자에게도 지루한 일이다. 인사 담당자 중에는 오랜만에 젊은 대학생들을 만나 자유롭게 이야기 하면서 시간을 보내고 싶어하는 사람들도 많다고 들었다. 나는 메이저리그 얘기만 하면서 인터뷰 시간을 보냈다.

미국 이외 지역의 취업

이민 국가이며 다민족이 한데 어우러진 미국 등을 제외하고는 외국인에 대한 현지 기업들의 채용은 드문 편이다. 일본의 경우는 보수적인 문화로 인해 취업이 더더욱 쉽지 않을 수 있다. 하지만, 취업이 상대적으로 잘 되는 과정이 있다. 바로 히토츠바시(Hitotsubash) 대학의 MBA과정이다. [표8]은 2006년과 2007년 히토츠바시 MBA과정을 졸업한 한국 유학생들의 MBA 이전과 이후의 커리어를 비교한 자료이다.

어학연수, 가지마라

[표8] 히토츠바시 MBA 한인 유학생들의 현지 취업 통계

MBA 이전 (취업 국가: 한국)	MBA 이후 (취업 국가: 일본)
한국계 자산운용	일본계 자산운용
자영업	영국계 자동차 판매
국내 제조업	유럽계 컨설팅
국내 증권사	일본계 자산운용
국내 증권사	미국계 신용평가
국내 보험사	유럽계 은행
일본계 제조업	미국계 컨설팅
국내 글로벌 캐피털 회사	일본의 글로벌 부동산 금융사

참고로 2006년, 2007년도 히토츠바시 MBA를 졸업한 한국인은 회사에서 스폰서를 받은 사람을 제외하고는 대부분 일본에서 취업에 성공했다. 이 학교의 장점은, 중국의 MBA 과정들과 마찬가지로 영어로 수업이 진행되므로 일본어를 하지 못해도 수업을 따라가는 데 문제가 없다는 점, 학비가 2,000만원으로 상대적으로 저렴해 적은 투자로 높은 효과를 올리는 기회를 가질 수 있다는 점, 학생과 교수의 비율이 3:1이라는 점이다. 이중에서도 학생과 교수의 낮은 비율이 현지 취업률이 높은 핵심 이유일 것이다. 교수진들에게 자신의 장점을 어필할 기회가 열려 있기 때문이며, 특히 교수진과 기업들 사이의 네트워크가 좋은 것이 취업에 많은 도움을 받는다. 작년에 입학했던 한국 학생들도 현지 유명 기업에서 인턴십을 잡은 상태이다. 다만 표에서 볼수 있듯이 커리어 체인지(즉 과거에 자신이 속해있던 직군과 다른 직군에서

제2장 세상은 넓고 할 일은 많다

일을 하게 되는 것)는 거의 없고, 대개 과거의 경력을 이어가는 경우가 많다. 즉, 유학 이후 진입하고 싶은 산업군이 졸업 시점에서 유별나게 활황이어서 인력 수요가 많은 경우가 아니면 커리어 체인지는 쉬운 일이 아니라는 점을 명심하자.

싱가폴이나 홍콩, 호주 등지에서 경력을 쌓고 싶어하는 이들도 많이 있는데, 개인적으로 홍콩이나 싱가폴에서 MBA를 공부하며 취업을 알아보는 이들과도 많은 대화를 나눠왔다. 이들의 말을 빌어 결론부터 이야기하면, 취업이 가능하다. 다만, 한국 유학생 대부분의 영어 실력은 평균 아래인 것이 항상 문제이다. 당연한 이야기이지만, 언어에 대한 핸디캡은 직장을 구하는 데에도 크게 영향을 미친다. 그리고 한국 유학생 중 남자들은 병역의 의무 때문에 나이가 30대 초중반으로 많은 편이다. 나이가 어려서 새로운 문화에 적응도 잘하고 영어 실력이 뛰어난 다른 나라의 유학생들과 경쟁하기는 쉽지 않은 것이 현실이다.

고용주들은 가급적 나이가 젊고 영어 잘하는 잠재력 있는 지원자들을 뽑아서 키우는 것을 선호한다. 인도 학생들의 경우가 이에 해당한다. 따라서 토종 한국인이라면 한국 기업들의 아시아 지역 관련 업무, 또는 현지 기업들의 한국 관련 업무로 초점을 맞추는 것도 대안이 될 수 있다. 다행히 국내 대기업 현지법인들이 싱가폴에 지사를 내는 경우가 늘면서 해당 지역에서 근무할 기회는 전보다 조금씩 늘어나고 있다. 물론 소수 채용이고 해당 지역의 유학 지원자도 늘어나고 있으

어학연수, 가지마라

므로 경쟁률이 낮아지지는 않을 것이다.

호주는 국가 전체의 면적 대비 취업 시장이 상당히 작다. 취업 시장 자체가 작기 때문에, 영주권이 있다고 해서 취업에 크게 유리하지는 않다. 상담 중 호주에서 학부를 졸업한 학생이 들려준 이야기에 의하면, 유학생들의 현지 취업율은 1% 정도밖에 되지 않는다고 한다(물론, 호주에서 유학을 마치고 현지 취업을 한 사례도 있기는 하다. 시드니 주립대(University of Sydney)에서 회계와 재무 석사과정을 마친 한 유학생은 현지에서 펀드를 분석하고 평가하는 일을 하고 있다). 따라서 많은 유학생들이 호주에서 학부를 다니다가 미국으로 편입학을 하거나 석사 과정으로 진학하기도 하고 싱가폴 등으로 취업을 시도하기도 한다. 실제로 남아프리카 공화국이나 호주인들의 경우 우수한 성적으로 학부를 졸업한 후 더 좋은 조건을 받기 위해, 혹은 경력 개발을 위해 영국이나 싱가폴 등으로 나가는 사례가 많다. 한인 유학생 중에서도 호주에서 유학 생활을 마친 뒤 싱가폴의 회계법인으로 취업을 한 사례가 있다.

유럽의 경우 최근 들어 영국 등 유럽의 명문 MBA 혹은 재무 석사를 지원하는 사람들이 늘어나고 있는데, 유럽 최고 명문대 출신 MBA와 재무 석사 졸업자의 취업 자료를 살펴본 결과, 유럽 현지에서 취업을 한 경우는 거의 없다고 봐도 될 정도로 그 수가 적다. 홍콩 등으로 취업이 되는 경우도 있지만, 비율로 따지면 2000년대 초반 들어서부터는 늘어난 한국 유학생 대비 오히려 취업되는 경우가 줄어들었다.

제2장 세상은 넓고 할 일은 많다

중국은 장기적으로 취업뿐만 아니라 사업 영역도 점차 다양해질 것으로 판단된다. 개인들도 운영 가능한 업종들(외식, 건강식품, 교육 등)이 한국으로부터 중국에 진출하고 있기 때문이다. 최근 중국에서의 커리어를 쌓을 수 있는 가능성에 대한 문의가 늘고 있는데, 중국 MBA 졸업자 중에는 싱가폴의 투자은행, 다국적 전자 회사의 상하이 현지법인 마케팅, 한국계 중견 기업의 북경 현지 법인에서 사업 기획 등으로 진출한 사례가 있다. 이 밖에도 국내 은행들이 중국의 유수 MBA 과정에 직원들을 스폰서로 보내는 사례가 늘고 있음을 볼 때, 금융업과 같은 서비스 산업도 중국 현지 진출을 위한 시장 조사를 진행중인 것으로 판단된다. 국내 금융 시장의 포화, 단순한 산업 구조 문제 등을 고려한다면, 국내 금융기관들이 경제가 급속도로 성장하고 지리적으로 가까운 중국으로 진출을 모색하는 것은 생존을 위해 당연한 과정일 것이다. 중국 시장에 대한 금융 전문가 부족과 한국 금융 시장에 대한 중국의 이해도 부족, 정책적인 규제 등으로 본격적인 진출에는 시간이 걸리겠지만, 급격하게 성장하고 있는 중국 경제가 금융 산업의 필요성을 느끼는 만큼 개방 속도 또한 점차 빨라질 것이다.

타 해외 지역과 마찬가지로 중국도 취업이 만만치는 않다. 한국계 기업 뿐만 아니라 다국적기업, 투자은행, 헷지펀드 등에서 각 대학의 우수 인력을 채용하지만, 중국인과 동등한 입장에서 경쟁을 해야 하는 상황이라면 중국어와 영어가 업무상 소통에 전혀 문제 없는 수준이 되어야 하는 등 경쟁이 치열하기 때문이다.

어학연수, 가지마라

하지만 중국도 몇 가지 조건을 갖춘다면 취업 시장에 보다 쉽게 진입할 수 있다. 캠퍼스를 찾아오는 회사들을 제외하고는 유학생과 기업 사이의 연결고리가 부족한 경우가 많기 때문에 기업에 자신을 알리기 위한 활동을 통해 기업과의 네트워크를 구축하는 것이다. 상하이에 위치한 우상투자자문(대우증권에서 분사한 회사임) 에서 근무하고 있는 곽종혁 매니저가 좋은 사례가 될 것이다. 곽종혁 매니저는 어릴 때부터 한국과 중국을 아우르는 글로벌 금융전문가 되는 것이 목표였으며, 2005년 상해 재경대(Shanghai University of Finance and Economics) 금융학과로의 유학을 결심했다. 금융 인프라가 잘 구축된 상해라는 지리적 이점, 그리고 상해 소재 금융기관 중 과장급 50% 이상, 임권급 20% 이상이 상해 재경대 출신이라는 점이 학교 선택에 고려되었다.

곽종혁 매니저는 유학 시절 한국인, 외국인 학생회 회장을 역임하였고 세계 최초 이동광고선 프로젝트 참가, 한중 우호 비영리 기구(DKM) 설립 등 다양한 과외 활동에 시간을 투자했으며, 이러한 활동들이 자신을 기업에 어필하는 데 큰 도움을 주었다. 현재는 크로스보더(crossborder), IPO, 자금 조달(fund raising), CB(convertible bond, 전환사채), BW(bond with warrant, 신주인수권부 사채) 등의 업무를 주도하고 있다.

이미 언급한 바와 같이, 유학생이라면 상당 수준의 중국어가 필수이며, 미국에서 제 2외국어를 구사하면 취업에 유리하듯이 영어 구사

제2장 세상은 넓고 할 일은 많다

가 가능할 경우 시너지는 급격하게 상승한다. 따라서 중국 유학을 결심한 분들은, 지금이라도 언어 실력 향상에 많은 시간을 투자할 것을 권한다.

이외에도, 미국에서 취업 후 아시아 지역으로 배치되는 경우가 있다. 회계법인 딜로이트의 GUP와 같은 프로그램이 이에 해당된다(다음 장에서 조금 더 구체적으로 설명할 것이다).

＊

해외에서도
네트워킹은 지속하자

혹시라도 이 책을 읽는 독자 중 이미 취업을 한 사람이 있다면, 이 시간 이후부터 한인들의 취업을 돕기 위한 정보를 공유할 것을 권한다. 중국 학생들 중 일부는 미국의 학교에서 합격 레터를 받는 순간 인턴십 등의 기회를 미국에 입국하기 전부터 잡기도 한다. 뿐만 아니라 졸업 후 취업 시에도 서로 똘똘 뭉친 네트워크 덕분에 취업 관련 정보도 많고, 취업하는 과정이나 입사 이후 생활 등에 대해 많은 도움을 받는다.

유학 시즌이 끝난 후 에세이 컨설팅을 받은 고객들에게 주는 정보가 하나 있다. 나를 통해 직간접적으로 현지에서 취업을 한 사람들의

제2장 세상은 넓고 할 일은 많다

연락처이다. 실제로 그 네트워크 덕분에 현지 취업 기회를 얻은 사례도 있고, 취업 준비를 하는 과정에서도 많은 도움을 받았다는 메일을 받는다. 바쁜 와중에도 현지에 구인 포지션이 나오면 기꺼이 알려주는 고마운 사람들이다(물론, 취업은 경쟁이므로 이들을 자꾸 귀찮게 만들어야 한다. 나중에 이들이 도움을 요청할 때 받은 만큼, 혹은 그 이상으로 도와주면 될 것이다).

언젠가 뉴욕의 회계법인에서 근무했던 지인에게 한국인들끼리 네트워크를 넓힐 수 있는 모임을 왜 만들지 않느냐고 물은 적이 있다. 직장인 모임을 만들어보고 활동도 해봤는데, 생각보다 잘 되진 않았다는 답이 돌아왔다.

인맥의 중요성을 강조하면서도 자기가 잘되면 그걸로 끝인 사람들이 많다. 물론 타지에서 생존을 위해 몸부림쳐야 하는 상황은 이해가 되지만, 도움을 줄 수 있는 상황일 때 최대한 많이 도와주길 바란다. 언제 어디에서 도움을 받아야 하는 입장이 될지도 모르는 게 인생이기 때문이다.

어학연수, 가지마라

3

어학연수, 가지 마라

1

영어가
늘지 않는다

취업을 준비하는 대학생들로부터 자주 들어오는 문의는 어학연수가 영어 실력 향상에 얼마나 도움이 되느냐는 것이다. 어학연수를 고려하는 이유는 돈만 내면 언제든지, 쉽게 갈 수 있기 때문일 것이다. 결론부터 말하자면, 어학연수는 취업시장에서 자신의 가치를 높이는 데 거의 도움이 되지 않는다.

후보자들의 이력서에서 어학연수 경험을 발견하는 것은 냇가에서 조약돌을 찾는 것만큼 쉽다. 사전에 영어 인터뷰를 진행해보면 '어학연수 기록을 차라리 지우는 게 낫겠다'는 생각이 드는 경우도 많다.

2년 전, 대기업에서 인사를 담당하는 분이 어학연수 관련 상담을 요

제3장 어학연수, 가지 마라

청했다. 영어만 잘하면 다국적 기업에 입사가 가능한 경력이었고, 글로벌 환경에서 커리어를 쌓기를 희망하고 있었다. 내가 추천한 과정은 어학연수가 아닌, 해외 대학원의 인사관리 석사 과정이었다. 매니저급 이상이 되면 경력이나 학력 면에서 자신을 차별화할 수 있는 요소들이 많을수록 좋은 회사로 이직할 가능성이 높기 때문이었다. 문제는 이 분이 개인적인 사정으로 갑자기 회사를 그만두게 되어 대학원 입학에 필요한 시험 준비를 하지 못했다는 것이었다. 사람이 급한 상황에 몰리면 합리적으로 사고할 수 있는 범위가 좁아진다. 결국 어학연수를 가더니, 나중에 후회된다는 이메일을 보내왔다. 영어를 못하는 사람들끼리 모아놓으니 영어가 늘 수 없다.

국내 기업에서 외국계 기업으로 이직을 원하는 이들이 많은데, 이 시점에서 걸리는 부분이 역시 외국어이다. 작년 여름 대기업 마케팅 경력자 한 사람이 외국계 기업으로 이직을 원한다며 상담을 왔기에, 미국에서 마케팅 리서치 석사 과정을 공부할 것을 권했다. 외국계 기업은 리서치 능력을 중시하는 데다가 최소한 고급 학위와 더불어 영어 실력도 향상시킬 수 있는 이점이 있다고 판단했기 때문이다. 이분역시 직장 선배들로부터 어학연수는 투자 대비 효과가 없다는 말을 들어왔다고 이야기했지만, 결국 시간에 쫓겨 석사 과정 준비를 하지 못했다. 몇 개월 후 전화를 받았는데 어학연수를 왔지만 영어 실력이 향상이 되지 않으니 귀국 후 다시 유학 준비를 하는 것에 대해 어떻게 생각하냐는 문의였다. 결국 시간과 돈만 낭비한 셈이다.

다음은 어학연수, 미국 석사 과정, 현지 취업을 모두 경험해본 사람이 영어 실력 향상에 대해 느낀 바를 들려준 것이다.

"영어가 늘려면 단순히 영어 환경에 노출되는 것으로는 부족하다. 실력이 많이 향상되기 위해서는 어느 정도 긴장되거나 도전적인 분위기가 유리하기 때문이다. 어학연수 가면 영어 못하는 외국인들끼리 영어를 쓰고, 심지어는 숙제를 안 해가도 되니 긴장이 되지 않고 쉽게 매너리즘에 빠진다. 미국에서 석사 과정을 공부했을 때는 미국 학생들과 함께 숙제를 해야 하고 발표도 해야 하므로 영어에 대한 동기부여가 커지고, 고급 영어도 익힐 수 있다. 현지에서 취업을 한 이후에는 실수를 하면 안 되므로 클라이언트의 단어 하나라도 놓치지 않으려고 기를 쓰고 듣게 된다. 답변도 미리 준비해야 하는 경우도 있어 영어가 많이 늘게 된다."

반복하지만, 어학연수든 유학이든 커리어 계발에 도움이 되어야 한다고 생각한다면, 큰 도움이 되지 않는 과정에 돈을 쓰느니 그 돈으로 맛있는 음식을 먹거나 여행을 다니는 데 쓰는 게 나을 것이다.

해외 인턴십도 이와 같은 연장선상에서 생각해본다면, 현지인들과 직접 부딪칠 수 있다는 면에서는 어학연수보다는 상대적으로 나은 편이다. 과거 인턴십은 사무직보다는 몸을 써서 일을 하고 돈을 받는, 소위 '노가다 포지션'이 많았다. 요즘은 사무직 인턴십도 심심치 않게 발견되기는 한다. 하지만 수속 비용에 체류 비용까지 합치면 이 또한 비용이 만만치 않다. 반면, 도시 근처로 석사 과정을 가서 조금만

열심히 알아본다면 괜찮은 인턴 자리를 구하는 것이 아주 어려운 일
은 아니다. 물론 금전적인 상황이 허락한다면, 또 학부 과정 중 해외
경험을 해보고 싶다면 인턴십이 어학연수보다는 좀더 나을 것이다.

어학연수, 가지마라

MASTER OF SCIENCE
과정 소개

Master of Science(MS) 학위는 어학연수의 단점을 보완할 수 있는 대안 중 하나이다. 1년짜리 과정이 많고, MBA 과정과 같이 케이스 스터디, 프레젠테이션 따위가 요구되는 등 실무적인 프로그램이 대부분이며, 따라서 영어 실력 향상과 선진 경영 지식의 습득을 동시에 노려볼 수 있다. 경력 없이 지원 가능한 학교도 많으며, 정규 석사 과정이므로 귀국 후 구직 시에도 취업 문턱을 낮출 수 있다는 장점이 있을 것이다. 당연히 쉽지는 않은 일이지만, 노력 여하에 따라 현지 경력을 쌓을 수 있는 기회도 잡을 수 있다. 학부 졸업생 대비 취업 비자나 영주권 스폰서를 받는 데도 유리하다. 취업 비자에 대해 잠깐 언급을 하자면, 쿼터는 한정이 되어 있다. 취업이 된 유학생이 많을 경우 H-1 비자 스폰서를 받기 위한 지원자가 늘어나 정해진 쿼터를 초과하게 되는데, 이 경우 추첨을 통해 스폰서를 받느냐, 그렇지 못하냐의 여부가 결정된다. 석사 학위 취득자는 학부생 대비 경쟁률이 낮으며, 추첨에서 떨어진다 하더라도 학부생들의 추첨 시에 한번 더 추첨 대상이 된다는 장점이 있다. MBA에 비해 MS의 가치가 떨어진다고 주장하는 사람도 있는데, 명문대학의 MS 학위가 인지도 낮은 MBA 학위보다 나은 대우를 받는 경우도 많다. 얼마 전 미국 동부에서 회계학 석사를 마치고 국내 보험사에 입사한 사례가 있는데, 유수 MBA 졸업자들보다 직무 만족도 면에서 높게 느끼고 있다고 한다. 회계를 공부한 데 대한 전문성을 인정받아 심사 부서에 배치된 반면 MBA 졸업자는 영업 관리로 배치되었기 때문이다. 앞서 이미 여러 번 언급했지만, 앞으로는 전문가(specialist)의 시대이다.

실제로 5년여에 걸친 헤드 헌팅 경험을 통해서도 MBA와 MS 학위 사이에는 졸업 이후의 커리어와 관련, 그다지 큰 차이가 없다는 점을 느껴왔다. 명문대에서 재무 석사나 마케팅 석사를 마친 사람이 유수의 글로벌 전략 컨설팅 회사 혹은 국내 유명 컨설팅 회사에 입사한 경우도 종종 있기 때문이다. 이밖에도 재무 석사나 회계 석사를 마친 분들의 경우 미국의 회계법인에서 근무를 하거나, 대기업이나 금융 그룹사에서 재무 관리, 자산 운용, 위기 관리(risk management) 등 다양

어학연수, 가지마라

한 분야에서 경력을 쌓아가고 있다. 결론적으로 MS 과정은 특정 분야에 대해 깊이 있게 배울 수 있다는 장점이 있는 만큼, 어떤 분야에서 어떤 커리어를 밟겠다는 명확한 커리어 플랜이 있는 상태에서 공부를 하면 투자 대비 효과는 더욱 높아질 것이다.

경력 계발 관점에서 보더라도 MBA는 불리한 측면이 없지 않다. 명문대일수록 최소 2~3년 이상의 경력이 필요한데, 한국 남성의 경우 국방의 의무를 포함하면, MBA 과정을 졸업하는 시점에서 30대 중반에 이르는 경우가 많다. MBA를 마치는 순간부터는 이직을 하면서 기회를 찾아가는 경우가 많은데, 관련 기회가 제한되기 시작하는 연령대로 진입을 해버리는 것이다. 실제로 졸업 시점에서 30대 중반이 넘는 경우 이직의 가능성은 많이 낮아지고, 이런 사람들의 경우 이전 커리어가 튼실하지 않으면 학위의 가치가 발휘되기 어려운 경우가 많다.

학위 과정들을 소개하기 전에, 상담 중 가장 많이 받는 질문은 현지 취업을 위해 학교의 명성이 중요한지, 아니면 도시 근처로 가는 게 유리한지에 관한 것이다. 이 부분에 대해서는 의견이 많이 엇갈린다. 명문대는 기업들이 알아서 채용을 하러 오기 때문에 지리적인 장점(예: 뉴욕 한복판에 위치한 학교들)은 별로 크지 않다는 주장과, 한국에서도 지방의 학생들이 취업을 위해 회사들이 모여 있는 서울로 상경하는데 미국도 그렇지 않겠느냐는 주장이 팽팽하다.

미국에서 취업한 이들과 인터뷰를 진행하면서 느낀 점은, 미국은 한국과 같이 취업하는 과정이 천편일률적이지는 않다는 점이다. 따라서 지리적인 이점 또한 무시할 부분은 아니다. 특히 인턴십 기회를 잡으면 정규직으로의 전환 가능성이 높아짐을 감안할 때, 그리고 인턴십을 잡는 것이 정규직을 잡는 것만큼이나 어렵다는 점을 감안하면 지리적 이점이 주는 중요성은 더욱 커진다. 당연한 이야기이지만, 도시 지역이 인턴십을 잡을 수 있는 기회는 훨씬 많다. 물론 다 자기 하기 나름이라고 하지만, 요즘과 같은 불경기에 인턴십을 '찾아다녀야 하는' 상황이라면, 그리고 해당 지역 고용주와 학교 간의 관계를 생각한다면, 지리적인 이점에 대한 중요성은 더욱 커질 것이다. 학생들의 취업률을 고려해야 하는 비즈니스 스쿨에서 대도시에 위치한 뉴욕대(New York University)와 같은 학교의 학부와 MBA 랭킹이 불경기에는 더 올라갈 것이라는 이야기는 결코 과장이 아닐 수 있다. 실제로 현지에 취업한 이들의 자료를 분석해보면, 학교의 명성도 중요하지만 캠퍼스 주변에 기업들이 많은 도시 주변의 학교에 다닌 학생들이 취업에 상대적으로 유리한 것으로 나타난다.

다음은 Master of Science 과정에 지원 자격을 갖추기 위해 요구되는 사항들, 그리고 지원과 관련해서 자주 들어오는 질문들에 대한 답변이다.

어학연수, 가지마라

- 4년제 대학 졸업 성적증명서 / 졸업증명서(졸업 예정자도 지원 가능)
- GMAT
- 비즈니스 스쿨 내에 프로그램이 개설되어 있는 경우가 많아 GMAT 선호함.
- 통계학(Statistics), 금융공학(Financial engineering) 관련 과정들은 GRE를 선호함. 마케팅 석사 과정 또한 GRE로 응시할 수 있는 과정이 적지 않음.
- TOEFL: IBT 기준으로 100점 이상이면 대부분의 학교에 지원 가능함. 명문대일수록 높아지는 경향이 있으나 110점 전후면 충분한 경우가 대부분. 물론 받기가 쉬운 점수는 아니므로 평소에 영어 회화 공부를 열심히 해두기 바람.
- 영문 이력서: 경력이 아주 많은 경우를 제외하고는 한 장으로 만드는 것이 일반적임.
- 에세이 및 추천서: 에세이는 학업계획서(Statement of Purpose)를 제출해야 하는데, MBA 과정처럼 여러 개의 질문에 답해야 하는 학교가 늘어나고 있는 추세임. 추천서는 2~3장을 요구함. 추천서는 추천서를 써주는 사람이 직접 온라인 입력하거나 오프라인으로 보내게 되는데, 오프라인으로 보낼 경우 추천인이 써준 추천서를 봉투에 넣고 봉투 밀봉 후 사인한 경우라면 추천인이 직접 보내지 않아도 됨. 즉, 지원자가 성적표와 함께 보내도 상관 없음.

- 지원(application) : 온라인 지원이 일반적임. 온라인 지원의 경우 신용카드로 결제를 해야 지원이 되므로, 모든 항목을 한 번에 입력하지 않아도 되지만, 잘못 입력한 항목이 있을 수 있으므로 제출을 하기 직전 면밀하게 검토하는 작업이 필요함. TOEFL과 GMAT(GRE) 점수는 별도로 리포팅 하고, 성적표, 재정 증명 서류 등은 우편으로 보내는 것이 일반적임.

자주 하는 질문

GMAT(GRE)과 토플을 함께 준비하는 것이 나은가, 따로 준비하는게 나은가

병행할 것을 권한다. 처음에는 GMAT(GRE)이 어렵게 느껴져서 여기에만 집중하는 경우가 많은데, 정작 TOEFL에서 점수가 나오지 않아 애를 먹는 경우가 많다. 병행할 시간이 부족하다면 리스닝과 스피킹을 틈틈이 연습할 것을 권한다. GMAT을 공부하다 보면 TOEFL의 나머지 섹션은 준비에 부담이 되지 않을 것이다. GMAT은 수학(math)과 언어(verbal) 파트로 나뉘며, 한국인은 대개 언어 파트에서 점수가 잘 나오지 않는데, 처음에는 문제를 많이 풀기보다는 하나를 풀더라도 유형별로 이해도를 높이는 방향으로 공부하는 것이 낫다는 의견이 많다. 그리고 틈틈이 「이코노믹스」 등의 잡지를 구독하기 바란다. 처음에는 모르는 단어가 많아 잘 읽히지 않더라도 멈추지 말고 끝까지 읽은 후에 글쓴이가 전달하고자 하는 핵심이 무엇인지를 생각해보는 습관을 들이면 좋다. 이런 과정을 거쳐 어느 정도 자신이 생

어학연수, 가지마라

기면, 그때부터는 서서히 문제를 푸는 문제의 양을 늘리면서 자신에게 가장 약한 부분을 보완하기 바란다. 그러다 감이 오면, 그 감을 최대한 끌어올리면서 한 번 내지는 두 번, 최대한 세 번에 목표 점수를 받는다는 생각을 가지고 공부하자. 시험 준비 기간은 최대 반 년을 넘기지 않는 것이 좋고 한 번 공부를 시작하면 집중적으로 하는 것이 좋다. 학원이나 독서실 등을 전전하며 1~2년이 넘게 공부한 사람도 봤는데, 인생에서 가장 중요한 시기를 낭비한다고 생각하면 되고, 오래 준비한다고 점수가 잘 나오는 것도 아니다. 이런 사람들은 GMAT이라는 시험의 유형을 파악하지 못했거나, 아니면 영어 실력에 문제가 있는 사람이다. GMAT은 영어 실력을 측정한다기보다는 논리력을 테스트하는 시험에 가깝지만, 영어를 못하면 높은 점수를 받기가 어렵다. 한번 미궁에 빠지면 헤어나오기 어려운 시험이 GMAT이다. 교재는 『Official Guide for GMAT Review』와 기출문제만 풀어도 충분하다.

GMAT이나 GRE 성적 없이 갈 수 있는 과정도 있는가

있기는 하다. 회계 석사 과정의 경우 수백 개의 학교에서 프로그램을 제공하기 때문이다. 하지만 명문대일수록 필수 사항인 경우가 대부분이다. 시험 요건들은 학교의 명성, 지원자의 경쟁률, 그리고 학교의 어드미션 정책 등에 따라 매년 변경이 될 수도 있다. 예를 들어 일리노이 주립대 어바나 샴페인(UIUC, University of Illinois at Urbana Champaign)의 회계학 석사 과정은 GMAT이 필수가 아닌, 권장 사항이었다. 하지만 2010년 입학생들을 기준으로 필수 사항으로 바뀌었다. 따라서 GMAT이나 GRE 등은 점수를 확보해야 한다.

학원을 얼마나 다녀야 하나

여러 학원들을 전전하는 분들이 있는데, GMAT 강사를 하려는 것이 목적이 아니라면 시간적, 금전적 낭비이다. 학원 수강은 감을 잡는 정도로 끝내고, 수강생끼리 스터디 그룹을 만들어 공부하는 것이 나을 수 있다.

에세이는 어떤 형태인가

학위 취득 후 지원자의 커리어 목표가 무엇이고, 왜 이 학위가 목표를 이루는 데 필요한지를 기술하는 것이다. MBA 과정과 같이 리더십, 윤리적 갈등과 같은 복수의 질문을 묻는 과정도 점차 늘고 있는 추세이며, 인터뷰를 보는 사례도 늘어나고 있다.

학부 성적은 얼마나 좋아야 하는가

전 학년의 평점만 보는 것이 아니라, 전공 학점도 중요하게 생각한다. 예를 들어 버지니아 주립대(UVA, University of Virginia) 회계학 석사 과정의 경우, 회계 관련 학점이 좋지 않으면 GMAT 점수가 높아도 어드미션을 받기가 쉽지 않다. 다만 학점이 낮은 지원자는 GMAT 등의 시험에서 점수를 높이면 낮은 학점을 보완할 수 있다.

추천서는 누구에게 받아야 하는가

추천서는 보통 두세 장을 내는데, 학부생의 경우 교수에게 많이 받으며, 인 턴을 했던 회사에서 받기도 한다. 경력자의 경우 한 장의 추천서는 직속 상사에게 받는 것이 일반적이다. 지위가 높은 사람에게서 추천서를 받는다고 좋은 것은 아니다. 추천서 안에 담겨있는 내용이 더 중요하다. 교수님 추천서를 최소 한 장 이상 요구하는 과정도 있는데, 추천서 써주시는 것을 거부하시는 교수님들도 있고 이런저런 일로 시간을 미루는 사람도 생각보다 많다. 가장 황당한 경우는 써주기로 약속을 했다가 말을 바꾸는 경우인데, 지원 마감일이 얼마 남지 않은 경우 이보다 더 황당한 일이 없다(사실 몇몇 교수님을 빼놓고는 지원자의 당락에 큰 영향을 주지 않으므로, 요청한 사람들이 배신감을 느끼게 만들지 말 것을 당부드린다). 따라서 추천서는 미리미리, 그리고 확실하게 준비해놓을 것을 권한다.

지원 마감일 (application deadline) 은 어떻게 되나

MBA가 보통 1, 2, 3라운드로 나눠서 지원자를 받는 반면, MS는 주립대의 경우 가을 학기 지원 마감일은 2월 1일인 학교가 많고 (간혹 12월 1일이 마감인 학교도 있다) 도시에 위치한 학교들은 3월 말, 4월 말까지 지원이 가능하다. 가을 학기에 시작하는 과정이 많지만, 봄 학기 (대부분 1월 시작)에도 지원자를 받는 학교들도 있다(봄 학기의 경우 대개 7월~10월 사이가 지원 마감일이다). 다만 봄 학기에는 학교 선택의 폭이 좁아지므로, 지원 학교의 선택 폭을 넓히려면 가을 학기 입학을 목표로 GMAT과 TOEFL 등의 시험을

10월, 늦어도 12월 까지는 마무리 짓는 것이 바람직하다.

지원을 빨리 하는 게 유리한가

점수가 학교에서 요구하는 수준을 만족한다면(GMAT은 600점대 중반, GRE는 1,200점 이상) 지원을 일찍 하는 것이 유리하다. 지원서를 받자마자 심사에 들어가서 합격 여부를 결정하는 학교도 있으며, 결과가 좋게 나타나지 않을 경우 추가 지원을 준비하는 등 대안을 모색해야 하기 때문이다.

학부에서 다른 전공을 했다. 지원이 가능한가

MBA와 마찬가지로 기존의 전공이나 경력이 달라도 지원 가능한 프로그램들이 많다. 다만 합격을 하더라도 선수 과목을 들어야 하거나 여름방학 인텐시브 코스(summer intensive course)를 들을 것을 요구하는 학교가 적지 않으며, 이럴 경우 학위 취득에 1년 이상의 시간이 걸린다. 물론, 지원하는 분야에 대한 기초 지식이 부족한 분들에게는 기본부터 튼실히 한다는 점에서 공부 기간이 연장되는 것이 오히려 좋을 수도 있다.

추가로 해주고 싶은 말이 있다면

MS든 MBA든 투자한 만큼 뽑으려면, 철저한 사전 준비를 해야 한다. 예를 들어 합격 통지를 받은 후에는 영어 회화를 공부하거나 관련 자격증 등을 미리 준비하면 학교 생활, 학점 관리, 구직에 필요한 시간의 확보 등 여러 가지 면에서 득이 될 것이다. "유학을 갔다오면 영어라도 는다"라고 말하

어학연수, 가지마라

는 사람도 있는데, 맞는 말이기는 하지만 유학 본연의 목적을 생각해보면 틀린 말이기도 하다. 예를 들어 비즈니스 스쿨 학위와 같이 철저하게 팀별 케이스 스터디로 진행되는 과정은 팀원끼리 아이디어를 공유하면서 얻는 것이 많은데, 영어는 가서 배운다는 생각을 하면 막상 유학 기간 중에는 꿀 먹은 벙어리처럼 지낼 수도 있다(이런 관점에서 본다면, 지식을 많이 습득하려면 학생들끼리 의사소통이 용이한 국내 MBA가 더 낫다는 의견도 나름 일리가 있다). 항상 강조하지만, 어드미션을 받는 시점은 끝이 아닌 시작이다.

제3장 어학연수, 가지 마라

분야별 학위 과정 및 관련 커리어

선진국의 교육은 가히 '산업'이라 할 만큼 끊임없이 발전한다. 유학 컨설팅을 하면서 프로그램 서치를 할 때마다 소비자, 즉 지원자들의 니즈에 커스터마이즈된 학위 과정을 만드는 미국의 학교들을 보면 감탄사가 나오는 경우가 많다. 일례로 유명 톱 스쿨에서는 공학과 디자인을 융합시킨 석사 과정을 개설했다. 자동차, 휴대전화, 컴퓨터 등 인체의 특성에 맞춘 최상의 제품이 나오기 위해 공학적 설계에 디자인적인 요소가 가미된 새로운 학문적 패러다임이 창조되는 것이다. 이 밖에도 재무와 엔지니어링, 의료와 경영 등 시대적 변화에 따른 요구 사항을 맞춰가는 것뿐만 아니라 선도를 해나가는 것이 선진 교육 시스템의 장점이다. 학위 취득 후 어떤 커리어 기회가 있을지가 궁금할 것이므로, 학위 과정들과 연관되는 인더스트리 혹은 커리어 관련 내용을 함께 실었다.

1) ACCOUNTING / TAXATION

회계 분야는 유학생들이 현지에서 취업하는 데 가장 유리한 과정 중 하나이다(물론 상대적으로 유리하다는 것이지 쉽다는 의미는 아님을 분명히 한다). 국내로 돌아올 경우 회계법인, 기업의 재무 회계부서뿐만 아니라 금융기관의 심사부서, 제조업체의 기획부서 등의 커리어 패스를 밟을 수 있다. 글로벌 회계법인인 딜로이트 같은 경우는 GUP(Global University Program)라는 것이 있는데, 미국내 명문 회계 대학원을 방문, 우수한 아시아계 학생들을 뽑아 한국, 싱가폴 등의 지사로 보내는 프로그램이다(다만 GUP는 회계학 상위 랭킹 몇 개 학교로 대상이 한정되어 있다).

현지 취업을 위해서는 영어는 완벽하지는 않더라도 의사 소통에 무리가 없는 수준은 되어야 한다. 회계법인은 학점을 중요시 하는 경향이 있다. 성실도가 아주 중요하다는 얘기다. 하지만 일정 수준의 학점을 넘기면 영어, 성격 등이 더 중요하게 작용한다. 회계법인에는 감사와 세무 말고도 금융 서비스나 비즈니스 컨설팅 분야가 있는데, 유학생이 입사하는 것이 불가능하지는 않지만, 영어가 아주 유창해야 할 것이다(실제로 중부에서 회계학 석사를 마치고 금융 서비스 분야에 입사

제3장 어학연수, 가지 마라

한 유학생이 있었으나, 미국 학부를 마친 경우였다).

미국이나 한국이나, 많은 사람들이 회계법인에서의 경력을 바탕으로 더 좋은 직급과 연봉을 받고 사기업으로 이직하는 것을 일반적인 루트라고 생각한다. 현지에서 취업을 노릴 경우, 로컬 회사에서 Big 4로의 이직은 졸업 후 바로 Big 4로의 취업을 준비하는 것보다 상대적으로 쉬운 편이다(비자 스폰서를 받는 데는 로컬 회사가 좀더 어려울 수 있다). 뉴욕에 위치한 대형 회계법인에서 근무하는 지인에 따르면, 회계법인의 조직 구조는 다음과 같이 이루어져 있다.

Staff　　　→ Senior　　→ Manager　　　→ Senior Manager　→ Director　　→ Partner

2년　　　　→ 3~5년　　→ 5~7년　　　　→ (Senior Manager부터 능력에 따라 승진 시기 좌우)

이 중에서 항상 부족한 사람들이 시니어들이다. 따라서 로컬 회사에서 감사 등의 경력을 쌓으면 시니어 정도 급으로 입사가 가능하다.

2년 전, 주립대에서 회계학 석사를 마친 학생의 취업을 도와준 적이 있었는데, 다행히도 미국 중남부 지역의 로컬 회계법인에 취업이 되었다. 가끔 안부 전화를 주면서 자신이 가지게 된 새로운 경험과 기회에 대해 전해주곤 하는데, 그 중 몇 가지를 소개하겠다.

감사하러 나가는 고객사 중 하나가 유럽계 제조업체인데, 선진 시스템에 대해 배울 것이 많다.

어학연수, 가지마라

감사, 세무 둘다 경험할 수 있다는 장점이 있다. 일정 기간 경력을 쌓은 후 experienced associate으로 대형 회계법인 입사도 가능하다.

현업에서 배우는 영어가 확실히 빨리 는다. 긴장도의 차이인데, 학교에서는 한 학기만 지나면 요령이 생기지만, 회사에서는 고객의 요청 사항 중 한 마디라도 놓치면 문제가 생길 수 있다.

선진 시스템을 배울 수 있는, 그리고 영어 실력이 향상될 수 있는 업무 환경 덕분에 예전에 근무했던 매니저는 아시아 지역 회계법인으로 괜찮은 조건에 이직할 수 있었다.

회계 석사 과정은 MSA 혹은 MAC이라는 학위명으로 많은 명문 주립대에 개설이 되어 있으며, 텍사스 대학 오스틴(University of Texas at Austin)이 리서치 분야에서는 부동의 1위이다. 일리노이 주립대 어바나 샴페인이 그 뒤를 잇고 있는데, 국내 회계분야에서는 인맥이 가장 넓은 학교 중 하나이다. 봄학기에는 CPA 리뷰 특강이 제공되기도 한다.

서던 캘리포니아 대학(USC, University of Southern California), 산호세 주립대(San Jose State University), 뉴욕 시립대 버룩 칼리지(Baruch, City University of New York), 포덤 대학(Fordham University)과 같은 학교는 도시에 인접해 있으며 해당 지역에서의 평판도 괜찮아 현지 취업에 상대적으로 유리한 점이 있다. 특히 도시 지역은 인턴을 잡는 데 훨씬 유리하다. USC를 졸업한 한인 유학생의 경우 Big 4 중 두 회사에서 풀타임 오퍼를 받은 사람이 있을 정도로 취업률이 높은 학교이다. 뉴욕 시립대 버룩 칼리지도 금년과 같은 불경기에도 한 명은 감사로, 다른 한 명은 세무로 뉴욕의 빅펌에 입사했다. 대학을 졸업하자마자 미국으로 건너가 회계학 석사 과정을 공부하는 한 학생은 인턴을 하면서 학비를 충당하고 있고, 인턴 경험을 최대한 어필하여 UN에서 내부 감사로 6개월간 인턴을 할 예정이다.

비즈니스 스쿨의 랭킹이나 한국에서의 인지도를 감안할 때 미시건 주립대(Univeristy of Michigan), 버지니아 주립대(UVA, University of Virginia), 노스 캐롤라이나 대학(UNC, University of North Carolina) 등도 좋은 학교들이다. 버지니아 주립대의 경우 2009년 11월 현재(회계학 석사는 8월에 학기가 시작해서 5월에 끝나는 것이 일반적이다) 6명의 한인 유학생 중 3명이 대형 회계법인, 1명이 로컬 회계법인에서 잡 오퍼를 받은 상태이다. UNC도 엔론 사태 등으로 내부 통제가 강화되어 회계법인에서의 인력 수요가 많았던 시절에는 유학생 대부분이 대형 회계법인에서 잡 오퍼를 받았다. 특히 이 학교는 회계 백그라운드가 없는 학생을 선호하는 학교이므로, 학부 전공이 관련 없는 학생들이 노려볼 만한 좋은 옵션이다.

국내 인지도에 비해서 현지의 평판이 훨씬 좋은 학교들도 있다. 노트르담 대학(University of Notre Dame)의 경우 회계법인들이 선호하는 3대 학교 중 하나이며, 유학생들도 졸업 후 뉴욕 유수 회계법인의 Financial Service Division에 취업을 하는 등 명성에 걸맞은 성과를 내고 있다. 루이지애나 주립대(LSU, Louisiana State University)의 경우도 국내 인지도가 높진 않지만, 내부 감사 분야에서 유명하며, Big 4 외에도 IBM, 골드만삭스, 존슨 앤드 존슨 등 글로벌 기업들이 방문, 많은 학생들을 인턴으로 채용하며, 경기가 좋을 때는 인턴을 잡는 비율이 80~90%에 이른다. 칼리지 오브 윌리엄 앤드 메리(CWM, College of Wiliam & Mary)는 한때 현지 취업률이 90%를 훨씬 웃돌았고, 일부 한국 학생도 해마다 한두 명씩은 현지 Big 4에 취업했다. 다만 프로그램이 인기가 높아지면서 20명에 불과했던 학생 수를 늘리기 시작했는데, 이에 따라 유학생들의 취업이 상대적으로 불리해질수 있다. 반면 우수한 지원자에게는 장학금을 제공한다는 점, 그리고 워싱턴 DC 지역은 불경기에도 경기가 꾸준한 편이라는 점에서 여전히 관심을 둘 만한 학교이다. 이밖에도 워싱턴 대학(Washington University)이 현지 취업률이 높은 것으로 나타난다.

최근에는 입학 전까지 중급회계 등의 선수과목 수강을 요구하는 학교들이 늘고 있다.

[표9] 회계 관련 과정을 제공하는 학교

인터뷰를 요구하는 학교	USC, UVA, UNC, IU, Notre Dame, CWM, Texas A & M
장학금을 준 적이 있는 학교	University of Sothern California, College of William & Mary, Case Western Reserve University, Indiana University

감사에 비해 세무 분야는 팀워크나 소통 능력보다는 리서치 능력이나 수리적 능력을 중시하며, 따라서 열심히 노력하면 유학생 신분으로서의 취업이 감사 대비 상대적으로 유리하다. 2007년 미국 중부에 위치한 대학에서 세무 석사 과정을 마친 한국 유학생은 졸업 후 세 군데에서 오퍼를 받았는데, 중부와 서부의 중견 회계법인 각각 한 곳, 그리고 실리콘밸리에 있는 제조업체로부터 오퍼를 받았다. 미국은 경제 규모가 큰 만큼 소득신고를 대행해주는 사업의 규모가 상당하며, 따라서 매년 봄이 되면 소득신고와 관련하여 인턴 자리가 급속히 늘어난다. 이 학생도 인턴을 잡으면서 정규직으로 오퍼를 받은 케이스이다. 세무 전문 컨설팅 회사에도 취업이 가능한데, 뉴욕에서 석사를 마친 몇몇 유학생이 WTAS 등의 세무 전문 컨설팅 회사에 입사하기도 했다. 또한 전문성을 인정받기 때문에 회계법인 입사 시 받는 연봉은 감사에 비해 약 5,000불 정도 높은 편이다. 최근 서부에 위치한 대학의 세무 석사 과정을 마친 유학생이 대형 회계법인의 국제 세무 분야로 취업했는데, 사원급으로 들어갔음에도 연봉이 MBA 졸업자들과 큰 차이가 없었다.

다만 한국과 미국의 세법은 많이 다르므로, 세무 석사 과정을 공부하기로 마음 먹었다면 미국에서 취업을 못하고 귀국하게 되는 상황에 대비하여 USCPA 시험을 준비할 것을 추천한다. 최근에는 국내 대형 로펌이나 국세청의 경력자들이 스폰서를 받아 미국의 세무 석사를 공부하는 사례도 늘고 있으므로, 좋은 인맥을 형성할 수 있다는 장점도 있

어학연수, 가지마라

다. 다음의 [표10]은 세무 석사 과정을 개설한 학교들의 리스트이다.

[표10] 세무 관련 과정을 제공하는 학교

서부	University of Southern Califonia, Arizona State University, Golden Gate University, San Diego State University, San Jose State University, University of Denver, University of Washington
중서부	University of Minnesotta, University of Illinois-Chicago, University of Cincinatti, Northern Illinois University, Depaul University
남부	Georgia State University
동부	City University of New York-Baruch, Fordham University, Rutgers University, Albany University, Pace University

미국과 한국 회계법인 입사 시 가장 큰 차이점 중 하나는, 미국은 회계사 시험을 통과하지 못해도 입사가 가능하다는 것이다. 국내 회계법인은 한국 회계사가 우월한 위치에 있기는 하지만, 영어를 요구하는 포지션이 차츰 늘어나고 있음을 감안하면 국내 회계법인의 문도 두드려볼 만하다. 회계법인에서의 경력은 여전히 전문가로 인정이 되어 일정 경력을 쌓으면 일반 기업의 재무 회계팀 등으로 좋은 조건에 이직이 가능하다. 이미 언급한 바와 같이 영어를 잘하면 외국계 기업 등 커리어 계발에 있어 선택의 폭이 넓어짐은 물론이다.

온라인 카페 회원들을 위해 해외 취업 특강을 한 적이 있었다. 미국 회계법인에서 근무하는 사람들이 직접 체험한 것을 들려주는 자리였

제3장 어학연수, 가지 마라

는데, 특강 내용 중 핵심적인 사항을 요약해보면 다음과 같다.

- 세무 분야는 확실히 아시아인이 많음. 현지 고용주들 사이에 아시아인은 숫자에 강하다는 인식이 있는 듯함. 감사 쪽도 영어 소통 능력이 좀 부족하더라도 취업한 경우가 많음. 역시 적극성이 중요하므로 자신감을 가지고 끝까지 최선을 다하는 것이 중요함.

- 네트워킹을 많이 만들 것. 한국사람들은 중국, 인도인 등에 비해 이 부분이 부족함. 평소 미국 문화를 익힐 수 있는 기회를 많이 가질 것. 학교 내 각종 모임을 활용할 것. 참고로 Beta Alpha Psi 등 교내 클럽 활동이 도움이 많이 됨.

- 학점이 중요하긴 하지만, 학점을 따는 데 너무 치중하면 취업 준비에 소홀해질 수 있음. 이력서는 수시로 업데이트할 것. 작은 노력이 결과에 큰 영향을 미칠 수 있음.

- 로컬 회계법인도 괜찮은 옵션이 될 수 있음. 경력을 쌓으면 대형 회계법인으로 이직이 가능함. Mcgladrey & Pullen, Clifton and Gunderson와 같이 규모가 일정 수준 이상인 곳이면 더 좋겠지만, 괜찮은 회사들을 고객으로 확보하고 있는 곳도 나쁘지 않음.

- 인턴을 못 잡는 것보다는 어디서든 경험을 쌓는 것이 낫지만, 그래도 명성이 있는 회사에서 인턴을 하는 것이 좋음. 커리어 센터를 방문해서 최근 몇 년간 인턴십 기회를 제공한 회사들의 리스트와 채용하러 오는 시기 등을 요청하면 됨.

어학연수, 가지마라

여러 번 밝혔듯이, 고도의 수리적인 능력을 요구하는 학위일수록 취업에 유리한 세상이 되었다.

특히 언어적인 한계를 가질 수밖에 없는 유학생들에게는 글로벌 무대에서 마음껏 실력을 발휘할 수 있는 유용한 수단이 될 것이다. 실제로 동부의 명문 대학에서 통계 석사 과정을 마친 유학생들 중 머서(Mercer), SAS, 아메리칸 익스프레스(American Express) 등에 취업한 경우도 있다. 대부분의 통계 관련 석사 과정은 GRE를 요구하며, MPS라는 코넬의 통계 석사 과정이나 보험계리학(Actuarial Science)으로 유명한 조지아 주립대(Georgia State University) 등은 GMAT로도 지원이 가능하다.

수리 능력에 자신이 있는 사람이 관심을 가져볼 만한 또하나의 과정은 보험계리학 석사 과정이다. 최근 들어 보험사마다 상품 개발 시 노령화 등 소위 '연령 리스크'에 관련한 다양한 변수를 감안해야 하는데, 한국을 포함, 해당 분야의 전문 인력들이 부족한 상황이다. SOA라는 관련 자격증이 있고 난이도에 따라 단계별로 시험이 나뉘며, 보통은 3단계 수준 정도의 시험을 통과하고 미국 현지에서 경력을 쌓으면 몸값의 상승률이 높아지기 시작한다. 혹은 관련 분야 석사 과정을 제공하는 유명 학교들은 다음과 같다.

[표11] 통계 관련 과정을 제공하는 학교

서부	UC Berkeley, UC Los Angeles, Univ. of Southern Califonia, Stanford University, Arizona State University, San Diego State University, San Jose State University, University of Denver, University of Washington
중서부	University of Minnesotta, University of Chicago, Purdue University, University of Illinois at Urbana Champaign, Ohio State University, University of Wisconsin, Carnegie Mellon University, Iowa State University, University of Iowa
남부	University of Texas at Austin, Emory University, University of Georgia, University of Florida
동부	Columbia University, Havard University, Yale University, princeton University, Cornell University, New York University, University of North Carolina, Boston University, University of Maryland, University of Rochester, Johns Hopkins University, University of Pennsylvania

전공분야: Actuarial Science / (Bio) statistics / Mathematics / Operations & Management Sciences

3) FINANCE / QUANTITATIVE FINANCE / ECONOMICS

재무 분야에 대한 학생들의 높은 관심에 비해 개설된 파이낸스 석사 과정은 많지 않은 편이다. 영국에 역사와 명성을 자랑하는 재무 석사들이 개설되어 있는데, 런던 비즈니스 스쿨(LBS, London Business School)의 Master in Finance 과정의 경우 관련 경력이 3년 이상이 되어야 합격 가능성이 높고, 인터뷰가 요구된다. 런던 정경대(LSE, London School of Economics)의 명성도 LBS에 결코 뒤지지 않고, 다양한 과목이 제공된다.

미국에서 명성이 높은 프로그램을 추천하라면 프린스턴 대학(Princeton Univeristy)의 재무 석사과정을 추천한다. 학교의 명성답

어학연수, 가지마라

게 졸업 이후의 취업 현황을 보면 유수 MBA에 절대 뒤지지 않는다.

3년 전 해당 프로그램의 웹사이트에서 발췌한 자료를 인용하면, 졸업 후 전원이 취업 또는 진학에 성공했다. 일단 다섯 명이 골드만삭스에 취업했는데, 직군과 지역도 홍콩 증권리서치(equity research), 런던 파생상품 거래(derivatives trading), 시카고 옵션 거래(options trading), 뉴욕 프라이빗 고객 전략(private client strategy)과 자기자본매매(proprietary trading) 등 다양하게 분포되었다. 졸업생 중 네 명은 프린스턴 대학, 런던 비즈니스 스쿨, 노스웨스턴 대학교(Northwestern University), 워튼 스쿨(Wharton School) 등 최고 수준의 명문대 박사 과정의 어드미션을 받았다. 이외에도 두 명의 졸업생은 각각 제이피모건 체이스 런던 채권 거래(fixed income trading)와 뉴욕 자기자본매매(poprietary trading) 부문에 취업했고, 또다른 두 명은 시티그룹 뉴욕 통화 거래와 고정수익 분석을 담당하게 되었다. 이외에도 뱅크오브이탤리(Bank of Italy)의 은행감독(bank supervision), 시터들 인베스트먼트(Citadel Investments) 시카고의 헤지펀드, 싱가폴의 사모펀드(private equity)를 비롯하여 리먼브러더스, 메릴린치, 맥킨지, 모건 스탠리 등에 들어갔다. 물론, 그만큼 어드미션을 받는 것이 쉽지 않다. 이외에도 MIT의 재무 석사 과정이 학교 명성만을 놓고 본다면 최고 수준일 것이다.

각 주립대학들도 금융 분야를 강화하기 위해 프로그램의 질을 높이는 작업을 진행 중이다. 예를 들어 일리노이 주립대(University of Illinois)의 경우 외국인 학생의 비율을 줄이고 실습 프로그램을 통해

제3장 어학연수, 가지 마라

겨울방학 동안 현지 회사에서 인턴을 할 수 있도록 배려하고 있다. 일리노이 공대(IIT, Illinois Institute of Technology)의 경우 한국에는 이공계가 강한 학교로 알려져 있지만, 교수나 커리큘럼의 질적인 면만 놓고 본다면 다른 학교에 절대 뒤지지 않는다. 명문 MBA 과정을 다니던 학생이 재무 공부를 더 한다며 졸업 후 IIT를 한학기 다녔을 정도이다. IIT 졸업생 한 명은 미국의 회계법인과 투자은행에서 리스크 관리, 증권 거래 전략 수립 및 금융공학 관련 스트럭처링 경험을 한 후 현재는 홍콩에서 파생상품 리스크 관리 컨설턴트로 활약하고 있다. 또한 뉴욕의 페이스 대학(Pace University)과 같이 한국에서는 상대적으로 인지도가 높지 않은 학교를 졸업한 후 톰슨 로이터(Thomson Reuter) 등 세계의 금융 관련 정보를 제공하는 회사에서 근무하는 사람도 있고, 뉴욕 시립대를 졸업하고 굴지의 신용평가 회

[표12] 금융 관련 과정을 제공하는 학교

지역	학교
중부 / 서부	Illinois Inst. Tech., University of Illinois, Iowa State University, University of Wisconsin, Washington University, Purdue University, San Diego State University, University of Denver, University of Arizona
동부	American University, MIT, Johns Hopkins University , Boston College, George Washington, Princeton University, Syracuse University, Buffalo University, Drexel University, Temple University, University of Rochester, Pace University
남부	Vanerbilt University, University of Florida, Tulane University, Texas A&M University, University of Houston, University of Texas, Dallas
유럽 / 호주	London Business School, London School of Economics, Cambridge University, Oxford University, Manchester Business School, University of Sydney

어학연수, 가지마라

사에서 근무하는 사람도 있다. 결국, 지역의 경제 규모가 학교 선정 시 중요한 기준이 될 수 있을 것이다.

Quantitative Finance 분야는 금융공학·금융수학·계산재무 (computational finance) 등 학교마다 학위명이 약간씩 다른 경우가 많은데, 커리큘럼상 약간씩 차이가 있어서 그렇기도 하겠지만, 경영학·수학·공학·통계학과 등 개설된 학과가 다른 데서 비롯된 것으로 판단된다. 학생들 사이에 인기가 있는 분야인 만큼 해당 프로그램을 도입하는 과정에서 단과대 간의 유치 경쟁도 치열하다고 한다. 커리어 패스도 무척 다양해서 증권사에서 상품 개발이나 위험 관리로 취업하기도 하고, 증권 거래나 사모펀드로 진입하는 경우도 있다. 현지 취업도 도시 지역의 경우 노력 여하에 따라 가능하다. 예를 들어 폴리텍 대학(Polytech Institute)의 금융공학 석사 과정의 경우 뉴욕대로 편입되면서 —학교 이름은 뉴욕대 폴리텍(NYU-Poly)이 되었다— 뉴욕대 스턴 스쿨(Stern School)의 MBA 학생들이 듣는 수업을 같이 듣기도 하며, 수리능력을 잘 살릴 경우 거대한 금융 도시인 뉴욕에서 인턴이나 풀타임 포지션의 기회가 주어진다. 일리노이 공대나 뉴욕대 폴리텍 등의 경우 장학금 혜택을 받을 수도 있다.

다만 수학, 통계, 심지어는 컴퓨터 언어 등의 선수과목들을 요구하고 있고 물리학이나 산업공학 등을 공부하다가 해당 분야로 전공을 바꾸는 학생들도 많으므로, 수리능력에 자신이 없다면 지원하기 전에 자신의 적성에 맞는지를 신중히 생각해야 할 것이다.

제3장 어학연수, 가지 마라

중부	Carnegie Mellon University, DePaul University, Illinois Institute Tech., Purdue University, UC Berkeley, University of Chicago, University of Michigan, University of Minnesota, University of Pittsburgh, University of Wisconsin
동부	CUNY (Baruch), Boston University, Columbia University, Cornell University, Lehigh University, New York University, Stony Brook University, NYU Poly, Rutgers University
유럽	London Business School, London School of Economics, Manchester Business School, Oxford University, Cambridge University, Warwick University
캐나다	University of Toronto, University of Western Ontario, York University

경제학 분야에 대해 사람들이 오해하고 있는 가장 큰 부분 중 하나는 이 책에서 소개되는 여타 석사 과정들처럼 학구적인 연구 과정이라고 여겨진다는 데 있다. 다시 한번 강조하지만 'MBA는 실무적인 과정인 데 비해, MS 과정은 학문적인 리서치 과정이다' 라는 주장은 잘못된 것이다. 경제학 석사 역시 이론 중심의 과정보다는 실무 중심 과정으로 개설되어 있는 경우가 더 많다. 논문을 요구하지도 않고, 졸업 학점을 이수하면 학위를 받는다.

경제학 석사 과정이 개설된 곳은 보스턴 대학(Boston University), 듀크 대학(Duke University), 뉴욕 대학, 뉴욕 주립대 올버니/버팔로 (State Univeristy of New York - Albany/Bufallo), 시라큐스 대학 (Syracuse University), 밴더빌트 대학(Vanderbilt University), 일리노이 주립대, 미시간 대학(University of Michigan), 서던 캘리포니아 대학, 예일 대학(Yale University) 등으로 대개 동부 지역에 많이 개설되

어학연수, 가지마라

어 있다. 도시에 있는 학교의 경우 현지에서 경험을 쌓는 데 유리할 수 있다는 것은 경제학 석사 과정에도 적용된다. 예를 들어 뉴욕 주립대 올버니의 경우 국내에서의 인지도는 다른 학교들과 비교하여 낮을지 모르나 계량경제 분야에서 실력 있는 교수들이 정부기관 등과의 네트워크를 바탕으로 인턴 기회를 제공해준다. 실제로 뉴욕 주립대 올버니에서 석사 과정을 공부한 유학생들이 미국 주정부의 예산을 수립하는 과정에 필요한 다양한 경제적 변수들을 통계적으로 분석하는 인턴직을 수행하기도 한다.

응용경제학 분야는 코넬 대학(Cornell University), 미네소타 주립대(University of Minnesota), 메릴랜드 주립대(University of Maryland), UC 버클리(UC Berkeley) 등이 유명하며, 한인 중에는 뉴욕 주립대 올버니에서 학부를 마치고 뉴욕 유수 증권사에서 투자 애널리스트로, 버클리에서 석사를 마치고 서부 벤처 캐피탈의 리서치 분야에서 경력을 쌓은 사례들이 있다.

재무 석사를 마치면 기업의 기획이나 재무팀에서 커리어를 쌓을 수도 있는데, 자금이 효과적으로 사용되었는지에 대한 분석을 하고 직급이 올라가면서 사업 전략과 관련한 적정한 수준의 투자규모에 대한 조언자 역할을 하게 된다. 유학이나 이직 상담을 하러 오는 이들 중에는 "사실 우리는 하는 일이 엑셀 작업밖에 없어요" "업무가 매일매일 똑같고 지겨워요!"라고 푸념하는 경우도 있지만, 이러한 과정을 견디다 보면 조직 내에서 핵심 인재로 성장할 가능성이 높다. 주요 일간지에 나오는 기업들의 인사 동정을 보더라도 재무 회계 출신 임원이 CEO로 승진하는 경우를 심심치 않게 볼 수 있다. 최고위층에서 공격적인 경영보다는 관리 부분을 강화해야 한다고 판단이 섰을 때, 재무 출신이 조직의 최고 리더가 될 가능성이 높다고 생각하면 될 것이다.

얼마 전 모 그룹사에서 우량 계열사를 매각했는데, 재무 담당자들은 그룹에 남을 수 있는 선택권을 받았다. 인수회사 역시 인수 직후 그룹 내부의 재무 담당자를 피인수 회사에 배치했다. 기업에서 재무 담당자의 중요성이 부각되는 좋은 예이다. 사실 MBA 등을 마친 경력자들은 기업의 재무 기획 분야로 가려는 경우가 많지만, 세세한 부분까지 금세 파악할 정도의 내공이 없다면 진입이 생각만큼 쉽지 않음을 느끼게 될 것이다.

재무 석사를 공부하는 학생들이 가장 선호하는 회사는 투자은행이다. 투자은행은 무엇보다도 수리적, 분석적인 능력이 중요하다. 다른 업종들도 마찬가지이지만, 요구 수준이 상대적으로 더 높다고 보면 될 것이다. 재무 보고서들을 이해할 줄 알아야 할 뿐만 아니라, 그 속에 있는 숫자들을 가지고 미래의 재무 상황을 예측할 수 있는 능력도 필요하다.

투자은행 내에는 주식의 세일즈나 고객 기업의 회사채 발행, 인수 합병, 환리스크 관리, 혹은 재무 전략 수립 등과 관련한 어드바이스를 제공하는 기업재무(corportate finance), 인수 혹은 피인수 회사에 대한 다양한 어드바이스를 제공하는 M&A, 주식(equity)과 채권(fixed income)의 경제적 분석(국내외 경기 동향이나 이자율 환율 동향 분석), 정량적인 분석(가격 모델, 상품 개발 등) 그리고 각자 맡은 산업이나 기업에 대한 분석을 하는 리서치 등으로 나뉘는데, 어드바이스를 제공하는 입장에서는 그만큼의 스트레스를 받고, 역시 업무량도 상당하다. 트레이더는 시장과 돈의 흐름에 대한 감각이 누구보다 뛰어나다는 장점이 있긴 하지만, 근무 시간 중의 일하는 환경만큼은 가장 열악한 축에 속한다(업계 지인들에게 전화를 해보면 통화하기가 가장 어렵다).

기존 사업과 시너지를 낼 수 있거나 성장 잠재력이 있는 매물을 잘 고를 수만 있다면 투자 대비 수익이 몇 배로 커질 수도 있다는 점에서 M&A는 매력이 있지만, 큰 금액이 투자되는 경우가 많아 잘못될 경우 기업 전체가 타격을 받는다. 따라서 딜과 관련된 모든 숫자들을 분석하고 끼워맞추는 등 엑셀 작업은 끝이 없다. 이외에도 기업 실사를 진행하는 등 딜을 완수하기 위한 일들이 산재해 있다. 증권 애널리스트들은 자신이 분석하는 종목에 속한 회사 주식들의 움직임을 분석, 예측하고 살 것인지 팔 것인지 아니면 보유할 것인지에 대한 의견을 내기 위해 보고서를 작성하고 기업을 탐방하고, 재무 분석을 하느라 주말에도 야근을 하는 경우가 허다하다. 연봉이 높은 만큼 살인적인 업무 환경, 치열한 경쟁은 감수해야 하므로, 일과 생활의 균형을 중요시하는 이들에게는 권하고 싶은 직업은 아니다.

최근 회계법인에 근무하다가 글로벌 투자은행의 채권 트레이딩 포지션에 인터뷰 제안을 받은 사람의 이야기를 들어보면, 얼마나 많은 일을 해야 하는지 인터뷰 과정에서 고스란히 드러난다. 두 명의 임원들과 일대일로 인터뷰를 진행했는데, 첫 번째 임원이 던진 질문은 "상승하고 있는 유가가 채권에 어떤 영향을 미칠 것 같은가? 한국 은행의 금리 결정 요인이 뭐라고 생각 하는가?" 등의 거시적인 질문이었고, 도중에 영어로 질문을 받기도 했다. 다른 임원은 컴퓨터 활용, 프로그래밍 등에 대한 질문을 했다. IB의 장단점에 대해서도 설명을 들었는데, 업무량은 상상을 초월하고 스트레스도 엄청 받는다고 했다. 회계법인의 업무량도 만만치 않지만 IB쪽은 더할 것 같다는 것이 인터뷰가 끝난 후 내린 결론이다.

따라서 IB쪽으로 커리어를 준비한다면, 우선 영어는 네이티브 수준까지는 아니더라도 최소한 유창하게 구사할 정도는 되어야 한다. 또한 인터뷰에서 좋은 평가를 받으려면 시장에 대한 이해나 지원하고 있는 분야에 대해 지속적으로 관심을 가져왔다는 점을 어필해야 하며, 따라서 경제 관련 신문이나 잡지는 꾸준히 읽는 게 좋다. 컴퓨터 활용능력도 취업을 결정하는 기준 중 하나가 될 수 있다.

재무석사를 마치고 진입할 수 있는 직군 중에는 IR(Investor Relations)도 고려해볼 만하다. 작년 초 모 그룹사의 주식이 곤두박질친 적이 있었다. IR 담당자가 기업의 상황에 대해 별 문제가 없다고 했는데, 사실이 아닌 것으로 밝혀지면서부터였다. 한국도 주식시장이 발달하고 투자자들의 평가에 따라 회사의 주가 그리고 자금 조달에 큰 영향을 미치는 만큼, 시장에서 해당 기업에 대한 신뢰를 얻도록 하는 것이 중요하다. 따라서 IR 담당자는 자신이 일하고 있는 회사의 전반적인 상황을 꿰뚫고 있어야 한다. 회사의 좋은 점뿐 아니라 문제점도 정확하고 신속하게 알려야하기 때문이다.

회사의 전반적인 상황을 잘 알고 있다는 직업적인 특성 덕분에 증권사의 애널리스트로 커리어를 확장하는 사람들도 종종 보인다. 최근에는 IR 기능이 없거나 강하지 않은 기업들을 대상으로 IR 컨설팅을 제공하는 기업들도 늘고 있는데, 톰슨 로이터와 같은 다국적 기업이 이와 같은 서비스를 제공하고 있다.

4) HUMAN RESOURCE MANAGEMENT

대기업에서 인사 업무를 담당하는 직원이 해외 사업장으로 잠시 배치된 적이 있었는데, 복귀 후 인사기록카드를 보고 깜짝 놀랐다고 한다. 1년밖에 지나지 않았는데 전체 직원의 4분의 1 이상이 바뀌어 있었다고 하니 놀랄 만도 하다. 대부분의 직장인들이 좋은 연봉을 제시하는 기업이 있으면 쉽게 이직을 한다. 능력 있는 조직원이 떠난다는 것은 기업에는 커다란 손실이며, 따라서 인사 담당자의 역할은 이들이 만족할 수 있는 수단을 제공하는 것이다. 금전적인 보상이 될 수도 있고, 원하는 직무로의 재배치나 교육 기회를 제공하는 방안을 모색할 수도 있을 것이다.

최근 증가하고 있는 기업들의 인수 합병(M&A)도 이직을 잦게 만드는 요인들 중 하나이다. 새롭게 편입된 회사 직원들의 능력을 제대로 이용하지 않는 상황이 발생하며, 새로운 환경에서 인정을 받지 못한다고 생각하는 직원들은 이직을 하게 되고, 회사와 직원 모두에게 손해이다. 결국 새롭게 편입된 기업의 인력들을 기존의 기업 문화에 동질화 시킬 수 있을지에 대한 문제가 인사 담당자들이 새롭게 당면한 과제이다.

기업의 전략을 수행할 수 있는 역량을 지닌 인재들을 채용, 훈련, 평가하는 일도 인사 담당자의 몫이다. 이상적인 전략을 수립하더라도 이를 이해하고 수행해나갈 수 있는 인재가 있어야 실현가능하기 때문이다. 요즘 들어 국내 대기업에 직급별로 핵심 인재풀을 만들어 운영하는 제도의 도입이 늘고 있다. 모 그룹사에서는 관련 제도를 만들기 위해 글로벌 기업에서 HR 경력자를 임원으로 스카우트하기도 했다.

요약하자면, 미래의 HR 직무는 단순한 인력 관리의 수준을 넘어 전사적인 인사 전략의 수립 차원으로 역할이 확대되고 있다고 생각하면 될 것이다. 기업의 인사부서 외에 생각해볼 수 있는 커리어로는 인사 분야 컨설팅이며, 직원 평가 및 보상 시스템 디자인이나 인수 합병 이후의 조직의 효율성 제고를 위한 어드바이스를 제공한다. 조직 내에서 사람을 다루는 일은 무엇보다 중요한 일이므로, 고객사의 중역들과 일을 함께 하는 경우가 많다. 휴이트, 머서 등이 유명하고 딜로이트 등에서도 관련 서비스를 제공한다.

어학연수, 가지마라

HR 석사 과정은 코넬 대학, 오하이오 주립대(Ohio State University), 퍼듀 대학(Purdue University), 일리노이 주립대 어바나 샴페인, 미네소타 주립대 등이 대표적이다. 최근 HR 석사를 마친 한 유학생은 뉴욕에 위치한 글로벌 소비재 회사의 HR 부서에 매니저로 고용되기도 했다. 다만, 현지 취업을 위해서는 HR 분야는 영어 능력이 타 직군에 비해 더욱 중요하다. 예를 들어 직원 채용 시 심층면접을 보고 평가를 해야 하고, 직원들의 직무 만족도 여부를 파악하는 등 의사소통 능력이 필요하기 때문이다. 영어 능력에 대한 부분은 해외에 진출해 있는 현지법인들도 인사담당자에게 요구하는 중요한 스킬 중 하나이다. 세일즈나 마케팅, 엔지니어 등의 인력은 현지 법인들도 현지 인력을 채용하는 경우가 많기 때문이다.

국내의 경우 HR 분야 유학생의 공급이 많지 않은 편이어서 인력 수요가 꾸준한 편이다. 텍사스 A&M 대학(Texas A&M), 존스홉킨스 대학(Johns Hopkins), 사우스 캐롤라이나 대학(University of South Carolina), 테네시 대학(University of Tenessee) 등에도 과정이 개설되어 있으며, 오하이오 주립대 등 몇몇 과정은 인터뷰가 어드미션을 위한 필수 요건이다.

5) MARKETING

마케팅은 남들 앞에서 적극적이고 자신감 있게 행동하려는 미국인들의 성향에 잘 맞는 분야이다. 우수한 학업 성과를 내기 위해서는 소통 능력이 좋아야 하고, 그렇지 못하다면 SPSS와 같은 통계 프로그램 정도는 미리 배워가길 권한다. 전 장에서 언급했던 것처럼, 유학생들이 현지에서 마케팅 직군에 진입하기 위해서는 수리적 능력이 뛰어나야 한다.

[표14] 마케팅 관련 과정을 제공하는 학교

서부	San Diego state University, University of Denver, Iowa State University
중서부	Depaul University, Illinois Institute Technology, Loyola University, Chicago
동부	Cuny (Baruch), Johns Hopkins University, Temple University, Bentley College, University of Rochester, Virginia Tech.
남부	University of Florida, Texas A&M University, Georgia State University
유럽	IE Business School, Manchester Business School

플로리다 주립대(University of Florida)는 학구적인 과정으로 박사 취득에 목적이 있는 지원자들을 선호한다. 마케팅 분야에서 학문적으로 최고의 명성을 자랑하는 학교 중 하나이다. 유명 마케팅 저널에 실린 논문 수, 플로리다에서 박사를 취득한 이후 미국의 톱 스쿨에 교수로 가는 인원 등을 놓고 보면 전미 랭킹 5위 안에 들 정도이다. 영국의 맨체스터 비즈니스 스쿨도 커리큘럼을 보면 리서치를 강조하는 성격이 짙다.

텍사스 A&M 대학은 1년 6개월 과정으로 저렴한 학비와 생활비가 장점이다. 첫 학기부터 케이스 스터디, 팀별 과제 등으로 정신이 없을

어학연수, 가지마라

것이다. 첫 학기에 이수해야 하는 학점도 12학점이 넘으므로, 영어 준비를 많이 해서 의사소통에 대한 부담을 줄여야 할 것이다. 여름에는 인턴십을 해야 하고, 커리어 센터에서 신경을 많이 써준다니 현지 취업도 기대해볼 만하다(얼마나 많은 유학생들이 현지 취업에 성공했는지는 확실하게 알려지지 않았지만, 2005년 당시 졸업생들의 취업률이 98%에 이르렀다). 학교에서 통계를 전공한 학생들에게 통합과정 비슷하게 마케팅 석사를 공부할 수 있는 기회를 주는 길을 만들었는데 marketing analytics, marketing intelligence 등 수리적인 백그라운드가 강한 인력에 대한 수요가 많아지는 것, 그리고 높은 취업률과도 연관이 있다고 판단된다. 또 하나의 장점은 저렴한 학비 이외에도 graduate assistanceship 등 장학금 기회가 제공된다는 것이다. 그만큼 입학을 위한 경쟁도 치열하다.

텍사스 A&M 대학과 로체스터 대학(University of Rochester)는 어드미션을 받기 위해 인터뷰가 필요하다. 로체스터의 경우 MS에서 MBA 과정으로 전환이 가능하다는 장점도 있다(어드미션 관련 정책은 상황에 따라 바뀔 수도 있으므로 MBA로의 전환을 노리고 지원하는 경우에는 어드미션 오피스에 가능 여부를 확인하기 바란다).

스페인의 IE 비즈니스 스쿨의 마케팅 석사 과정도 다양한 마케팅 관련 커리큘럼을 가졌다는 점에서 상당히 매력적이다. 브랜드 매니저를 경험한, 그리고 마케팅 관련 강의를 하고 있는 나의 눈에 확 들어올 정도이다.

최근 들어 소비재 산업군뿐만 아니라 카드회사, 심지어는 완제품 안에 들어가는 부품제조사(예: Intel) 등 다양한 산업군에서 브랜드의 중요성이 높아지면서, 브랜드 매니저가 선택할 수 있는 직장 선택의 폭이 넓어지고 있다. 브랜드 매니저는 신제품 개발부터 브랜드 관리에 이르기까지 R&D, 신제품 개발팀, 공장, 구매, 세일즈 등의 회사 내 부서들과 좋은 관계를 유지해야 한다. 소비자의 변화에도 항상 호기심을 가져야 한다. 유능한 브랜드 매니저들을 만나보면 새로운 상품이나 서비스에 관심이 많다.

수리적인 부분도 점차 강조되고 있다. 마케팅은 지속적으로 투자를 해야 하는데, 효과를 숫자로 보여줘야 하기 때문이다. 글로벌 기업들 중에서는 marketing intelligence, marketing analytics 등 숫자에 강한 마케터를 선호하는 포지션이 등장하고 있다. 소비자들의 니즈가 다양해지고 신제품 출시도 잦아지는 환경에 따른 당연한 현상이다.

마케터로서 커리어를 잘 쌓기 위해서는 브랜드 전략이 회사 전체 전략에서 중요성을 차지하는 비중이 크고 예산도 브랜드 활동에 적극적으로 투자하는 회사에서 출발하는 것이 좋다. 브랜드 매니저들이 자주 하는 이야기가 이를 뒷받침한다. '마케터는 돈을 써봐야 한다.' 돈을 써보면서 얻게 되는 경험이 여전히 중요하다는 의미이다.

강의를 하다보면 마케터가 되겠다는 대학생들이 많은데, 마케팅을

어학연수, 가지마라

'재미있다'라고만 생각하면 실망이 클 수 있다. 마케터는 쉬지 않고 시장의 트렌드를 읽어야 한다. 업무 시간 이외에도 자신이 관리하는 브랜드를 사용하는 사람들의 행동을 관찰하는 게 습관이 되곤 한다. 회사에서 '마케팅은 돈만 축내는 팀'이라고 여기는 것 같다고 느껴질 때도 있다. 마케팅 예산을 지출했는데 실적이 나지 않을 때 이런 느낌이 들 것이다.

개인적으로는 가능하다면 소비재군에서 마케팅을 시작할 것을 추천한다. 연봉은 다른 산업군에 비해 낮을지 모르지만, 마케팅 전략이 회사 전체의 전략에서 큰 비중을 차지하기 때문이다. 회사에서도 마케터들에 대한 관심이 많을 수밖에 없으며, 신제품 개발, 브랜드 리뉴얼 등의 주요 프로젝트들을 접하면서 성장하는 자신을 발견할 수 있을 것이다. 하이트 맥주나 비타500의 성공적인 출시는 그 회사의 운명마저 바꿔놓았다는 사실을 잊지 말자.

학창 시절에는 마케팅 리서치 관련 책 한 권 정도는 확실하게 이해하는 것이 좋다. 그리고 항상 호기심을 가지고 모든 사물을 대하면서, "왜 그럴까?"라는 의문을 가지는 습관을 기르길 바란다. 마케팅은 의문이나 역발상에서 히트를 치는 경우가 많기 때문이다. 다른 사람의 말에도 항상 귀를 기울이는 습관도 가져야 한다.

외국계 회사가 가장 많이 포함되어 있는 직군 중의 하나가 마케팅인 만큼 영어 실력이 좋을수록 커리어 계발에 유리하다. 국내 기업에서도 영어 가능자를 상당히 선호한다. 모 기업의 해외 마케팅 사업부

제3장 어학연수, 가지 마라

는 해외에서 교육을 받았거나 경력을 쌓은 사람들이 태반이고, 회의 중에 영어가 안 되면 왕따를 당하는 분위기이다. 즉, 어학 실력이 실적에 반영이 될 수밖에 없는 상황이다.

광고 대행사는 고객사의 광고 제작, 미디어 관리뿐만 아니라 프로모션을 대행하거나 마케팅 전략 수립을 돕기도 한다. 광고업계 종사자들이 업무 중 가장 힘든 예로 꼽는 일은 "광고주와의 핏(fit)"에 대한 것이다. 광고 한 편을 만들기 위해 기획자, 디자이너 등 수많은 사람들이 밤을 새워 작업을 하는데, 광고주가 '다시 만들어봤으면 좋겠다'라고 한마디를 던지는 순간 모든 일은 원점으로 돌아간다. 따라서 자신이 만든 광고 한 편으로 인해 고객 기업의 매출이 급증한다든지, 광고주로부터 '좋은 광고 만들어줘서 고맙다'라는 이야기를 들었을 때 느끼는 성취감으로부터 에너지를 충전할 수 있는 성향을 가진 사람이 오랫동안 업계에서 인정받을 수 있다. 광고 분야 역시 영어를 잘할수록 좋다. 고객사가 글로벌 마케팅을 한다든지, 외국계 회사의 광고를 수주하기 위해 프레젠테이션을 한다든지 할 때 필요하다.

"2007년 겨울, 공항의 폭설로 인해 멕시코로 향했던 제트블루라는 미국 항공사의 비행기들이 활주로에서 오도가도 못하게 되었다. 승객들은 9시간 동안 비행기 안에 머물러야 했다. 며칠 후에도 비행기 티켓의 23%가 취소되었다. 제트블루의 CEO가 직접 나서 경영상의 실수를 인정하고, 대중매체를 통해 더 이상 문제가 발생하지 않도록 하겠다고 밝혔고 새로운 운영 시스템 등 구체적인 약속을 신속하게 전

어학연수, 가지마라

달했다. 2009년 봄, 국내 모 회사가 상표권 관련 시비로 기사에 오르
내리기 시작했다. 하지만 잘못을 숨기기에 급급했고, 네티즌의 비난
을 받기 시작했다. 결국 해당 기업의 홍보팀은 새로운 홍보 경력자로
대체되었다."

　굳이 위와 같은 사례를 들지 않더라도, 기업에서 PR이 차지하는
비중은 점차 커지고 있다. 기업의 이미지에 악영향을 미칠 수 있는
사건이 생기면 제트블루의 사례와 같이 적극적으로 대처하기도 하
고, 매체에 노출을 사전에 차단하는 위험 관리자로서의 역할도 한
다. 따라서 매체의 동향을 잘 파악해야하며, 언변과 인간관계에도
뛰어난 사람일수록 해당 직군에 유리할 것이다. 외국계 제약사 등은
PR 전략 수립 및 집행을 돕는 에이전시를 이용하기도 하는데 오길비
앤드 매더(Ogilvy & Mather)가 대표적이다. 이 직군은 여성들이 많
이 일하는 분야이기도 한데, 영어가 능통할 경우 대행사를 거쳐 외국
계 제약사 홍보팀 등으로 자리를 옮기기도 한다.

　최근에는 홍보의 형태가 적극적인 경향을 띠면서 이벤트 프로모션,
CEO, 프로선수 등 유명 인사의 브랜딩을 돕는 PI(Personal Identity)
등 다양한 분야로 영역을 넓혀가고 있다.

　커뮤니케이션 석사 과정은 많은 대학에 개설되어 있다. PR, 저널리
즘 등은 일리노이 주립대, 미시간 주립대(Michigan State University),
플로리다 주립대 등이 유명하다. 노스웨스턴 대학(North Western
University)의 Integrated Marketing Communication(IMC) 석사 과

정도 학교의 명성과 다양한 커리큘럼으로 최근 들어 인기를 얻고 있다. IMC 과정은 프로그램의 정체성이 명확하지 않다는 비판을 받기도 하지만, 마케팅으로 명성이 높은 학교라는 점에서, 그리고 학생들의 통계 분석 능력 향상을 강조한다는 점에서 가치가 있다. 다국적 소비재 기업에서 2년 정도 마케팅 경력을 쌓고 2006년 IMC 석사 과정을 마치고 모니터 등의 다국적 전략컨설팅 회사에 입사한 사례도 있다. 제일기획 등 메이저 광고기획사에서 사내의 우수 인재를 선발하여 해당 과정을 수료할 수 있는 기회를 제공할 정도로 우수한 과정이다. 지원 시 인터뷰가 요구된다.

마케팅의 출발은 리서치이다. 모든 제품과 서비스는 소비자를 만족시키기 위해 존재하는 것이고 이를 확인하는 것이 바로 마케팅 리서치이기 때문이다. 리서치를 중시하는 기업과 그렇지 않는 기업과는 사업의 성과부터 다르며, 조직의 커뮤니케이션이 다르다. 더욱이 브랜드 매니저가 리서치를 이해하지 못한다는 것은 상상할 수도 없는 일이다. 유수 기업의 마케팅 전문가 및 CEO의 경우 리서치를 중시하지 않는 사람이 거의 없다. 예를 들어 신제품 개발 과정에서 시장의 기회를 발견하기 위한, 혹은 제품의 런칭 이후 소비자의 반응을 조사하기 위한 시장 조사 작업은 필수이다. 이런 작업은 마켓 리서치 회사들이 대행을 하지만, 마케터들도 리서치에 대한 지식을 갖추지 않고는 경쟁력을 유지하기가 어렵게 되었다. 한국에는 TNS, 리서치 인터내셔널 등의 다국적 기업들을 비롯하여 한국 리서치, 마케팅 인

어학연수, 가지마라

사이트 등의 로컬 에이전시들을 포함하면 140개 정도의 마켓 리서치 회사들이 있다. 다국적 리서치 회사의 경우, 글로벌 네트워크라는 측면이 장점이다. 반면 지역 리서치 회사는 유연하고 빠르고 새로운 것을 적극적으로 구현할 수 있으며, 다양한 경험을 쌓을 수 있다는 장점이 있다. 예를 들어 로컬 에이전시인 마케팅 인사이트는 전국의 80만 명의 패널을 대상으로 자동차, 통신, 전자, 소비재 등 다양한 업종에 대한 소비자 만족도를 조사하여 제공하고 있으며 늘 새로운 도전과 기획을 하고 있는 역동적인 조직이다. 한 가지 아쉬운 점은 다국적 리서치 회사들이 시장의 많은 부분을 차지하고 있다는 점이다. 전략컨설팅 회사도 마찬가지이지만, 국내 기업들이 해외 마케팅에 투자를 확대하는 만큼, 글로벌 네트워크가 잘 되어 있는 리서치 회사를 선호하면서 나타나는 현상일 것이다. 이러한 추세를 반영하듯, 최근 유명 리서치 회사에서 선호하는 인재들 또한 영어 실력은 필수이다.

기획 리서치 전문인 마케팅 인사이트에서 소비재 리서치를 담당하고 있는 오상훈 이사에 의하면, 리서치 에이전시에서 경험을 쌓아보는 것이 기업에서 마케팅이나 리서치 업무를 바로 시작하는 것보다는 세부적인 업무까지 잘 파악할 수 있어 도움이 된다고 한다. 최근에는 리서치의 중요성을 인식한 회사들이 시장조사팀을 신설함에 따라 리서치 경력자의 커리어 기회가 상대적으로 많아진다고 보면 된다.

조지아 대학(University of Georgia)의 Master in Marketing

제3장 어학연수, 가지 마라

Research 과정은 마케팅 전 과정에 걸쳐 요구되는 리서치에 대한 지식을 단계별로 배운다. 졸업 후에는 마케팅 리서치 에이전시에서 일하거나 어시스턴트 브랜드 매니저, 마케팅 조사팀 등으로의 커리어 패스가 있다.

6) STRATEGY / MANAGEMENT

'전략'이라고 하면 많은 사람들의 머릿속에는 전략 컨설팅 회사에서의 커리어가 떠오를 것이다. 컨설턴트들은 고객사가 가지고 있는 다양한 문제들을 발견하고 여러가지 대안들을 분석하고 나아가야 할 최선의 방향을 제시하는 일을 한다. 컨설턴트들은 리서치를 수행하고 이를 분석할 수 있는 능력을 갖추어야 하는데, 여기에서 리서치란 고객 기업의 자료, 고객이 속한 인더스트리 분석 자료, 기업 내 직원들과의 인터뷰 등 다양한 채널를 통해 데이터를 획득하는 작업이다. 이렇게 해서 모여진 자료들이 분석되고 숙지되며 이런 일련의 과정을 통해 고객사의 비즈니스에 영향을 미치는 다양한 환경에 대한 진단이 가능해진다.

컨설턴트가 조직에 끼치는 영향이 지대한 경우도 많아, 고객사 내부의 구성원들로부터 반감을 불러일으킬 수도 있다. 어떤 직원들은 컨설턴트의 일이 내부 직원들이 만들어 놓은 자료를 취합해서 프레젠테이션만 하는 것이라고 폄하하기도 한다. 평가가 좋게 나오지 않을 경우 컨설턴트들은 스트레스를 받을 수밖에 없다. 따라서

어학연수, 가지마라

스트레스를 관리하는 일도 컨설턴트가 갖춰야 할 역량 중 하나이다. 물론 외부에서 컨설팅을 받는 것이 장기적으로는 기업에 득이 된다는 주장도 만만치 않다. 컨설턴트들은 기업의 문제점에 대해서는 지적을 해야 하는 의무를 가지고 있다고 생각하고, 따라서 문제점에 대해서는 반드시 지적을 하기 때문이다(기업의 내부 컨설팅 팀은 조직 내부 구성원의 입장을 생각해야 하므로, 이 부분에서는 한계가 있을 것이다).

업계에 남는 경우 컨설팅 회사의 중역이 되거나 소규모 전략 컨설팅 회사(Boutique Strategy firm)를 설립, 운영하기도 한다. 기업으로 이직할 경우에는 전략 부서로 이직하는 경우가 많은데, 임원을 다는 조건이 아니면 이직을 꺼리는 경향이 있다. 의사결정 권한이 많지 않다는 것이 주된 이유일 것이다. 실제로 중간 관리자 급으로 기업에 입사했던 컨설턴트들 중 이 점이 마음에 안들어 컨설턴트로 복귀하기도 한다. 최근 투자은행들의 채용이 급격하게 줄어들면서 유명 전략 컨설팅 회사에 입사하기 위한 경쟁률은 상상을 초월한다. 맥킨지, 보스턴 컨설팅그룹 등이 이에 해당한다.

이외에도 가트너그룹과 같이 IT 분야 리서치 전문 컨설팅 회사(가트너 그룹의 경우 PC 메이커의 순위를 발표한다든지 향후 주목받거나 성장할 기술들을 발표하는데 이 회사에서 제공하는 리서치 자료는 신뢰도가 높은 것으로 정평이 나 있다), IT 전략이나 IT 시스템을 컨설팅하는 회사(베어링포인트 등), 고객사의 내부 운영이나 IT 관련 이슈들에 대한

어드바이스를 제공하는 운영 관련 컨설팅 회사(AT 커니, KPMG 등)
가 있다.

축적된 지식과 노하우를 가지고 상대방에게 서비스를 제공함으로
써 수익을 창출한다는 점에서는, 광고 회사를 비롯한 모든 에이전시
들이 컨설팅 회사라고 생각해도 무방할 것이다. 어떤 분야든 전문성
을 인정 받을 수 있다면, 모두가 컨설턴트가 될 수 있다.

컨설팅이나 전략 분야 커리어에 관심이 있다면, 학교의 명성을 무시
할 수 없는 것이 현실이다. 타 업종에 비해 지원자의 출신 학교를 많이
보기 때문이다(컨설팅 회사의 네임 밸류가 낮을수록 지원자의 출신 학교
를 더 따진다는 주장도 있다). 따라서 경력이 없는 상태에서 학위 과정
을 마친 후 컨설팅 업계로 진입을 원한다면 런던 비즈니스 스쿨의
Master in Management 혹은 듀크 대학의 Master of Management
Studies 과정을 고려해보기 바란다. 이외에도 이공계 백그라운드를 가
진 지원자들 중 컨설팅 커리어로의 전환이나 프로젝트 매니지먼트 분
야로의 커리어에 관심이 있다면, 고려해볼 수 있는 프로그램들은 아래
와 같다.

일단 매사추세츠 공대(MIT)의 Master of Science in Management
Studies program, MS in Management and Engineering 또는
System and Design Management 등을 고려해볼 만하다. Master of
Science in Management Studies program의 경우, 미국 이외의 국
가에서 MBA 혹은 비슷한 과정을 마친 사람들이 지원 대상이며, 합격

자의 평균 경력은 약 6년이다.

이밖에도 기술 경영 관련 석사를 제공하는 학교들의 리스트와 관련 웹사이트는 다음과 같다. 반복하지만, 컨설팅 업계는 동문 파워를 무시할 수 없고, 따라서 이들 학교를 졸업하는 것이 상위권에서 멀어진 MBA를 가는 것보다 나은 선택이 될 수 있을 것이다.

[표15] 기술 경영 관련 과정을 제공하는 학교

Columbia	http://www.ieor.columbia.edu/pages/graduate/ms_eng_management_sys/index.html
Cornell	http://www.cee.cornell.edu/graduate-programs/meng-in-engineering-management.cfm
Dartmouth	http://engineering.dartmouth.edu/graduate/mem/index.html
Duke	http://memp.pratt.duke.edu
Northwestern	http://www.mem.northwestern.edu
Purdue	https://engineering.purdue.edu/ProEd/Admissions/requirements_and_deadline
Stanford	http://www.stanford.edu/dept/MSandE/cgi-bin/admissions/admitexternal.php

일반 기업군에서는 기업 전략, 신사업 개발 등의 분야에서 커리어를 계발할 수 있다. 회사가 가진 자원과 역량을 바탕으로 시장을 확장하거나 매출을 올릴 수 있는 방법을 기획하는 일이라고 생각하면 된다. 회사의 인수, 전략적 제휴 등을 기획할 수도 있을 것이고, 신상품을 개발하는 데 초점을 맞출 수도 있다. 어떤 산업군이든 사업을 기획하고 개발하는 기능(business development function)은 존재하며, 회사의

제3장 어학연수, 가지 마라

전체적인 상황에 대한 이해가 필요하므로 핵심 부서에 해당한다.

7) SUPPLY CHAIN / LOGISTICS

Supply Chain Management(SCM)란 생산에서 최종 판매에 이르는 모든 과정에 대한 최적화를 추구하는 일이다. 따라서 협력업체와 정보 공유부터 재고 관리나 공급망 관련 의사 결정에 이르는 모든 과정에 관여한다. 기업의 신제품 연구 및 개발부터 판매에 이르기까지의 과정은 크게 Supplier—Input—Process—Output—Consumer, SIPOC의 다섯 단계로 나눌 수 있는데, SCM은 공급(S-I), 물류(I-P-O-C), 수요(C)의 세 가지 영역을 중심으로 단계별로 비용을 절감할 수 있는 요소를 분석한 후 이와 관련된 인적, 물적 자원을 효과적으로 배분하기 위한 역할을 한다. 결과적으로 비용 절감 및 자원의 효과적인 배분으로 이어지고, 경영 효율성이 높아지는 만큼 소비자에게 혜택이 돌아가거나 회사의 경쟁력이 높아진다.

SCM manager(Logistics manager라고 불리기도 한다)가 되면 원자재 구매부터 최종 판매에 이르는 모든 생산 단계를 통합하고 최적화시키는 작업을 하므로, 제조·유통·물류 업체에서 커리어를 쌓는 것이 일반적이다. 많은 기업들이 IT 시스템을 이용하므로 ERP 대한 이해도가 높아야 한다. 또한 부서별 데이터를 통계적으로 분석할 줄 알아야 하며 원가, 손익 계산 등의 회계 지식을 쌓아놓는 것이 좋다. 협력업체나 부서간 소통이 중요하므로 대인관계도 좋아야 한다.

어학연수, 가지마라

석사 과정으로는 메사추세츠 공대의 Master of Engineering in Logistics, Univeristy of Michigan의 Master of Supply Chain, Ohio State University 의 Master of Operational excellence, 미시간 주립대의 MS in Supply Chain Management, 퍼듀 대학(Purdue University)의 Master of Science in Industrial Administration 등이 좋은 프로그램으로 알려져 있다.

미국 현지에서도 supply chain 분야는 소비재 기업 등에서의 인력 수요가 꾸준하고 숫자에도 강해야 하므로 현지 글로벌 기업으로의 취업 가능성이 열려 있다. 국내에 복귀 후에도 IBM, 엔트루 컨설팅, 액센추어, 오픈타이드, 두산 네오플럭스 등에서 컨설턴트로 일할 수 있다. 뜬 구름 잡는 컨설팅이 아닌, 눈에 띄는 컨설팅을 한다는 점에서 고객사로부터 점차 인기를 얻고 있는 분야라고 할 수 있겠다.

전략적 구매 분야로 진입하는 데도 해당 학위는 도움이 될 것이다. 최근 기업들이 글로벌 단위로 사업을 확장하면서 글로벌 소싱 인력에 대한 수요가 늘고 있기 때문이다. 국내의 공급자로부터 벗어나 해외에서 구매를 함으로써 바잉 파워를 확대하자는 기업의 전략도 관련 인력에 대한 수요가 늘어나는 원인이다. 대형 마트들도 해외에 지사를 열어 국내에서 잘 팔릴 만한 물건을 구매하는 등, 인력 수요는 꾸준할 전망이다.

제3장 어학연수, 가지 마라

IT Management / E-commerce 등으로 나뉘며, 관련 과정을 제공하는 학교들은 아래와 같다. 학교마다 초점을 두고 있는 부분이 어디냐에 따라 커리큘럼이 차이가 난다. 예를 들어 애리조나 주립대학은 회계와 인포메이션 시스템을 조합해놓았고, 인디애나 주립대(IU, Indiana University)는 IT 엔지니어 백그라운드를 가진 학생과 그렇지 않은 학생이 듣는 트랙을 구분해놓았다. 프로그램은 카네기 멜론 대학(Carnegie Mellon University)이 다양한 석사 학위 과정을 제공하고 있다.

[표16] IT 관련 과정을 제공하는 학교

남부	Georgia State University, University of Georgia, University of Florida, Texas A&M University
중서부	Carnegie Mellon University, Indiana University, Iowa State University
남부	Arizona State University, University of Arizona
동부	University of Virginia, Johns Hopkins University, Bentley College, Fordahm University, CUNY, Baruch, University of Rochester, Virginia Tech.

유학생의 현지 취업은 IT 붐이 일었던 2000년대 초반 이후로 하향 세이기는 하지만, IT 시스템이 없이는 회사가 운영이 되지 않는 시대가 되었으므로 엔지니어나 회계 백그라운드가 강한 경우 현지 취업에 도전해볼 만하며 SAP, 오라클(ORACLE) 등의 ERP를 다룰 줄 아는 능

력이 좋으면 취업에 유리하다.

9) DESIGN / ENTERTAINMENT / MEDIA

최근 들어 기업마다 조직의 모든 부서에 디자인적 사고를 강조하고 있다. 이미 2000년대 초반 글로벌 소비재 기업에서는 CDO(Chief Design Officer)라는 직함을 만들기도 했다. 여러분들은 광고를 통해 나비 문양의 SK 그룹이나 파란색 타원형의 삼성 그룹의 로고를 자주 접할 것이다. Corporate Indentity(CI)라고 하는데, 해당 기업이 추구하는 가치를 이미지로 함축했다고 생각하면 된다. 디자인에 대한 중요성은 컨설팅 업계에도 영향을 미치고 있다. CI나 Brand Identity(BI) 등의 서비스를 제공하는 컨설팅 회사들이 늘고 있으며, 이러한 노하우를 바탕으로 브랜드 전략 컨설팅 분야까지 영역을 확장하고 있다. 리핀콧이나 인터브랜드 와 같은 다국적 컨설팅 회사가 좋은 예이다. 이러한 트렌드에 맞춰 많은 대학들이 디자인 관련 석사 학위를 개설하고 있는데, 학생들은 예술 프로젝트를 진행하면서 기업 경영에 도움이 되는 디자인 전략에 대한 노하우를 배운다. 다음의 대학들이 관련 학위를 제공하는데, 관련 전공이나 경력을 요구하는 경우가 많다.

국가의 경제가 성장하면 개인의 부도 늘어나고, 사람들은 자연히 다른 쪽으로 눈을 돌리게 되는데, 그중 하나가 엔터테인먼트 분야이다. 광의의 개념으로 엔터테인먼트 산업에는 게임, 스포츠, 교육 등이

제3장 어학연수, 가지 마라

[표17] 디자인 관련 과정을 제공하는 학교

미국	
California College of the Arts	MBA in Design Strategy
Havard University	Master of Design Studies in Design Technology and Management
Carnegie Mellon University	Master's in Product Development / Master in Arts Management
Northwestern University McCormick School of Engineering and Applied Science	Master's in Product Development
Pratt Institute	Master, Professional Studies in Design MGMT
Savannah College of Art and Design	Master's in Design Management
School of Visual Arts	MFA Designer As Author
Stanford University	Joint Program in Design / Hasso Plattner Institute of Design
University of Cincinnati	Master's in Design
Northwestern University	Master's in Engineering Management and MBA
Illinois Institute of Technology	Dual degree Master of Design and MBA
유럽 (프랑스, 영국, 스웨덴, 네덜란드, 이탈리아, 핀란드)	
Art Center College of Design/INSEAD	Master's in Industrial Design/MBA
Royal College of Art/Imperial College London	Dual degree Innovation Design Engineering
Cranfield University/University of the Arts London	Master in Design Innovation & Creativity in Industry
University of Gothenburg/HDK School of Design	Master's in Business & Design
Umea University Institute of Design	Master's in Industrial Design
Delft University of Technology	Master's in Strategic Product Design
Domus Academy	Master's in Business Design
Helsinki School of Economics / U. of Art & Design Helsinki / Helsinki U. of Technology	International Design Business Management
아시아 (중국, 일본)	
Chiba University	Master's in Service & Product Design
China Central Academy of Fine Arts	Master's in Design Management
Hong Kong Polytechnic University	Master's in Design (Design Strategies)

어학연수, 가지마라

포함되는데, 상담을 하다 보면 엔터테인먼트 분야에 관심이 많은 분들이 늘어나고 있다는 것을 느낀다. 상담하러 오는 대학생들이 가장 일하고 싶은 회사 중 하나가 NC Soft 등의 온라인게임 회사라는 사실이 이를 뒷받침한다. 업무 분위기도 자유로운 편이고 해당 분야에 대한 열정과 창의력을 요구하므로 신세대들이 선호하는 라이프 스타일과도 잘 어울린다(바꿔 말하면 변화가 빠른 산업이므로 열정과 창의력이 뒷받침되지 않으면 오래 버티지 못할 것이다).

최근에 만난 업계 종사자 중 가장 기억에 남는 사람은 한화 이글스의 이인영 스카우터(유명 포털의 프로야구 관련 기사를 보면 그의 이름을 발견할 수 있을 것이다), 그리고 온라인게임 전문 헤드헌터인 지옴의 이재환 대표이다. 이인영 씨는 일부 미국 구단들이 시행하고 있는 '세이버 매트릭스'라는 방법으로 선수들의 기여도를 최대한 객관적으로 수치화해 선수 평가에 반영했다. 미국의 프로야구단들은 세이버 매트릭스 방법에 의해 포지션별 선수들의 전체적인 순위를 평가, 포지션별로 상이한 기준을 적용한다. 예를 들면, 한화 이글스의 3선발 투수는 타 구단의 3선발 투수들과 비교해서 어떠한 위치에 있는지를 평가하는 것이다. 만약 과소 평가가 되어있다면 과소 평가된 부분만큼 연봉을 인상하며, 과대 평가가 되어 있는 경우는 반대의 원리를 적용하는 것이다. 이 일을 계기로 미국 프로야구 선수들 연봉을 산정하는 에이전트인 피터 E. 그린버그(요한 산타나의 소속사이기도 하다)의 스포츠 애널리스트 포지션으로 영입 제안을 받기도 했다. 이밖에도

제3장 어학연수, 가지 마라

외국인 선수 스카우트, 선수 트레이드, FA 선수 영입, 구단 업무의 효율성 제고 등 다양한 업무를 맡고 있다.

이인영 씨에 의하면, 미국은 프로야구단이 독립 기업이기 때문에 스스로 의사결정이 가능하고 따라서 시장 환경의 변화에 빠르게 대응하면서 새로운 수요의 창출이나 서비스 제공이 가능하다. 반면 한국은 구단이 그룹사의 지원을 받아 운영하므로 시장 수요에 즉각 대응하기에 무리가 있다고 한다. 한 가지 사례를 살펴보면, 미국에서는 구단의 로고가 새겨진 티셔츠와 모자가 패션 브랜드화에 성공했다. 미국 구단들은 끊임없이 시장의 새로운 요구를 찾아내 사업화하는 데 성공했기 때문에 스포츠가 창출하는 부가가치는 엄청나다고 할 수 있는 것이다.

한국 프로스포츠도 성장 가능성은 충분하며, 이인영 씨는 향후 미국에서 공부를 하며 구단의 매각 가치 측정 모델을 개발하겠다는 포부를 가지고 있다(아직까지 국내에는 구단의 가치를 정확하게 측정하는 모델이 없으며, 때문에 몇해 전 현대 유니콘스의 매각 문제가 이슈가 되었다고 한다). 또한 유학 생활 중 중계권료의 적정 가격 산정 모델을 개발할 계획을 가지고 있다(올 시즌이 시작된 이후 KBO와 각 방송사들의 중계권 협의가 마무리 되지 못해 프로야구 중계가 결방이 된 적이 있었다고 한다). 결국 구단에서의 경험과 금융 이론을을 접목하여 스포츠 금융(sports finance) 이론을 정립, 스포츠 산업의 발전을 위한 초석을 다지겠다는 것이 이인영 씨의 향후 커리어 플랜이다.

어학연수, 가지마라

게임 산업은 콘솔(비디오)게임, PC게임, 온라인게임, 모바일게임으로 나누어지는데, 지옴의 이재환 대표에 의하면 온라인게임 분야는 한국이 명실상부한 글로벌 리더이며 외국업체들이 추격을 해오고 있지만 아직은 경쟁력이 없다. 게임 회사들이 성장하면서 인재를 많이 채용하는데, 게임 개발을 제외한 모든 포지션이 인문계 출신에게 열려 있다. 게임 아카데미를 통해 프로그래머 과정을 이수하고 개발자로 일하는 인문계 출신들도 있지만, 대개는 마케팅 분야에서 두각을 나타내고 있다. 특히 해외시장 진출이 활발해지면서 글로벌 마케팅, 글로벌 서비스 기획 등으로 세분화되고, 인력 수요도 늘고 있다.

메이저 업체뿐만 아니라 중소업체들도 해외 법인을 설립, 서비스를 제공하고 있어 해외 근무 기회를 가질 수도 있다. 주요 진출 국가는 중국, 일본, 동남아이고 최근 북미, 유럽에 지사를 설립한 회사들도 많으며, 남미 및 중동으로도 진출을 하고 있다. 따라서 이 분야 역시 외국어 능력이 중요하며, 특히 일본 및 중국을 제외하고는 영어를 사용하기 때문에 영어 능력을 키우는 게 좋다.

네임밸류가 있는 회사도 좋지만, 성장 가능성이 있는 개발사도 좋다. 한창 성장하고 있는 중소게임사는 여러 일을 해볼 수 있고, 개인적으로 성장할 수 있는 기회도 많다. 따라서 눈에 보이는 외형적인 부분보다는 회사의 성장 가능성을 보는 것이 중요할 것이다.

'인터넷, 케이블 TV, 텔레콤' 등의 단어를 들을 때마다 우리의 머릿속에는 '매체의 변화'라는 단어가 떠오를 것이다. 기업마다 광고나 홍보를 위해 책정하는 예산이 있는데, 불과 몇 년 전만 해도 신문이나 공중파 TV가 대부분을 차지했지만 새로운 매체의 등장은 예산 배분의 틀 자체를 바꿀 정도이다. 시장이 커진 만큼 경쟁도 치열하다. 케이블 TV의 경우 많은 채널을 확보하지 않은 사업자의 경우 수익을 내기가 쉽지 않다. 텔레콤 시장도 경쟁이 심하기는 마찬가지이다. 모 텔레콤 회사에서 사업 기획을 담당하는 지인에 의하면, 콘텐츠를 끊임없이 개발해야 하는데 프로젝트 단위로 1년 내내 일을 하다보면 소모품이 된 것 같은 느낌이 들 정도라고 한다.

한국의 인터넷 시장은 포털로 대변되고, 그 중심에는 '검색' 서비스가 자리잡고 있다. 검색 서비스 산업의 발달은 다양한 커리어를 창출하고 있는데, 예를 들면 검색 데이터 기획, 포털 내의 광고 크리에이티브 디자인, 검색 광고 마케팅 기획, 카페 혹은 블로그 서비스 기획, 유무선 연동 서비스 기획 등이 이에 해당한다.

엔터테인먼트로 추천할 만한 과정은 카네기 멜론 대학의 Master of Entertainment Industry, 스포츠 매니지먼트로는 메사추세츠 주립대(UMass, University of Massachusetts Amherst) 등이다. 매체와 관련해서는 Media Management 석사 과정이 있으며, 시라큐스 대학(Syracuse University)를 포함, 동부에 유사한 프로그램들이 많다. 참고로 포털의 검색 관련 포지션은 문헌정보학과 등을 전공해도 진입이 가능하다.

"지방의 한 도시에 쇼핑몰이 들어섰는데, 불경기로 인해 입점이 되지 않았다. 그런데 다국적 부동산 투자회사가 그 쇼핑몰을 인수했고, 비즈니스 호텔로 리노베이션을 했다. 공단이 많아 비즈니스 미팅이 많은데 마땅한 장소가 없다는 시장의 니즈를 읽은 것이다. 이후 건물의 자산가치는 두 배나 뛰었다." 작년 여름, 대형 감정 평가 법인의 사업기획 팀장이 들려준 부동산의 매력에 대한 사례이다.

부동산은 한국이라는 국가의 시장 특수성을 볼 때 여전히 매력 있는 산업군이다. 경제 규모가 훨씬 큰 일본의 록본기힐과 한국 강남의 땅값이 크게 차이가 나지 않는 것만 봐도 그렇고, 많은 학생들이 부동산 유학이나 커리어에 대한 문의를 하는 것만 봐도 부동산에 대한 한국인의 관심은 계속될 것이다. 최근 들어서는 위의 사례와 같이 해외 투자의 유입뿐만 아니라, 해외 현지 투자도 늘어 중국이나 베트남 뿐만 아니라 동유럽, 미국 등으로 지역이 확대되고 있고, 글로벌 펀드와의 역외 투자 등 투자 방식도 다양해지고 있다.

부동산 관련 직종은 property management, property development, brokerage, invesetment, private banking까지 등 다양한 분야가 있다. 즉 부동산이라는 커다란 테두리 안에 수많은 직종이 세분화되어 있다고 봐도 된다. 다만 많은 학생들이 선호하는 금융기관에서는 인력 채용이 많지는 않은 편이다.

부동산 커리어는 꼼꼼한 성격, 그리고 섬세함이 겸비된 서비스 마인드를 갖춰야 하므로 여성들이 경쟁력을 갖출 수 있는 분야이다. 특히 property management와 같은 분야는 임대차 계약 등 빌딩에 입주한 임차인에 대한 계약 관리 등을 대행하는데, 쿠시먼 앤드 웨이크필드와 같은 다국적 기업이 대표적이다. 최근 중소형 빌딩을 대상으로 동일한 서비스를 제공하는 로컬 회사들의 경쟁력이 강해지고 있다. 매입, 매각 컨설팅과 같은 커리어는 대상 자산 및 주변 시장, 경제 상승률, 인구나 공실률, 임대료 변동 추이 등을 분석할 수 있는 능력, 자산 취득 시 적정 취득가 산정을 위한 현금흐름 및 민감도 분석 능력, 자산 실사 경험, 자산 처분 시 처분가격 수준에 따른 마케팅 능력 등을 고루 갖춰야 한다.

디벨로퍼가 하는 일은 부동산 자산에 대해 새로운 아이디어를 개발하고, 이를 실현하는 과정을 주도하는 것이다. 시장을 분석하는 일뿐만 아니라 건설사나 건축 설계사 등과의 협력을 통해 이루어지는 과정이므로 환경·건축·재무 등에 대한 다양한 지식을 갖출수록 유리하고, 폭넓은 인맥 또한 요구된다. 경력이 쌓이면 증권사 부동산 투자 파트나 투자를 끌어모아 건축을 하고 수익을 배분하는 애셋 매니지먼트 회사 등으로 진입이 가능하다.

문과생들이 관련 커리어를 쌓으려면, 건설업계에서 개발과 관련된 기획을 하는 부서에 들어가거나, 증권사의 프로젝트 파이낸스 팀에서 투자를 담당하면서 관련 업계의 인맥을 넓히는 방법 등이 있다. 회계법인에서도 프로젝트 파이낸스 팀에서 부동산 개발 프로젝트와 관련

된 실사를 경험할 수 있는데, 투자자와 개발자 양측의 비즈니스 방식을 중간자 입장에서 볼 수 있다는 장점이 있다.

부동산 석사 과정은 보통 MRED 혹은 MSRE라는 학위명을 가지고 있다. 다른 MS 과정에 비해 관련 경력을 중시하는 학교가 많다. 백인들의 영향력이 큰 업종 특성상 현지 취업이 쉽진 않으나, 뉴욕의 부동산 투자자문 회사에 취업했다는지, 미국의 호텔 체인에서 임원으로 근무한다든지 하는 사례들이 있다(심지어는 뉴욕에 위치한 부동산 개발사에 취업이 되어 중동으로 진출한 사례도 있다).

해외에서 좋은 경력을 쌓은 사람들은 국내의 관련 업계에서 많은 오퍼를 받아왔다. 예를 들어 MRED 과정을 마치고 미국의 호텔 체인에서 사업 기획 경력을 쌓은 한 한국인은 국내 호텔의 미국 진출 프로젝트, 혹은 글로벌 호텔 체인의 아시아 지역 프로젝트 등과 관련 스카우트 제의를 받고 있다. 최근에는 중국 상해의 테마 파크 프로젝트에 참여하라는 제의를 받는 등, 글로벌 무대에서 경력을 쌓은 사람들이 능력을 발휘할 수 있는 기회가 많아지고 있다.

최근 만난 사람들 중 눈에 띄는 사람은 미국 서부에 위치한 빅셀 파트너스라는 부동산 투자 및 개발 컨설팅사의 류기열 대표이다. 류 대표는 국내 건설사에서 근무하다 도미, USC에서 부동산 석사 학위를 취득했다. 이후 미국 서부의 부동산 업계에 진입, 마틴 그룹 사업개발 이사 등을 거쳤고, LA 중앙일보의 부동산 분야 칼럼니스트로도 활동 중이다. 류 대표는 미국의 부동산 개발 및 투자자문 경력을 바탕으로 한국과 미국을 연결하는 부동산 투자자문사를 준비하고 있으며, 국내 부동산 투자 업계의 주목을 받고 있다.

MRED 과정은 한두 개 학교를 제외하고는 대부분 학위 취득까지 1년 정도 걸리며, 선수 과목을 요구하는 경우는 대개 경제학이나 회계학 등이 주를 이룬다. 다음은 부동산 석사 과정을 제공하는 주요 대학을 간략하게 비교한 표이다.

[표18] 부동산 관련 과정을 제공하는 학교

학교명	USC	Columbia	MIT	Cornell
경력연수	2년 이상의 관련 경력. 평균 6년	관련 경력	3–5년 관련 경력	요구 되지는 않으나 선호
학생수	풀타임 45명 파트타임 15명	풀타임 95명	풀타임 35명	풀타임 1, 2학년 각 20명
스피커 시리즈	매주 열림	매주 열림	매주 열림	세미나로 정규 과목에 포함
교수 (전임 /겸임)	5 / 28	1 / 32	4 / 9	19 / 7

이밖에도 플로리다 주립대, 뉴욕대, 덴버 주립대(Univerisity of Denver), 조지아 주립대, 텍사스 A&M 대학, 존스 홉킨스 대학, 템플 대학(Temple University) 등에서도 부동산 석사 과정을 제공한다. 플로리다 주립대는 성적 우수생에게 장학금을 지급하기도 하는데, 서류가 통과되면 어드미션 담당자와의 영어 인터뷰를 해야 한다. 서던 캘리포니아 대학과 코넬 대학 그리고 플로리다 주립대 등은 한국의 동

어학연수, 가지마라

문들과 인터뷰를 하는 경우가 대부분인데, 한국 동문을 학교에서 인정해준다는 의미도 되고, 동문과의 인터뷰가 어드미션에 큰 영향을 미친다는 의미도 될 것이다.

에세이 컨설팅을 받으러 오는 고객들께 항상 강조하는 것이 있다. "비즈니스 관련 프로그램들은 실무 경험의 기회를 제공하는 학교가 좋은 학교이다."

현업에서 보고 느끼는 것이 최고의 공부이기 때문이다. 이런 관점에서 본다면 요즘 들어 눈에 띄는 학교는 존스 홉킨스 대학이다. 현지 인턴십이나 회사들과의 프로젝트 등의 기회를 많이 주려는 움직임이 보이고 있기 때문이다. 이외에도 메릴랜드 주립대, 워싱턴 주립대 등 부동산 석사 과정을 신설했거나, 조만간 신설할 계획을 가지고 있는 대학들이 늘고 있다. 장기적인 관점에서 부동산 산업의 밝은 전망을 보여주는 사례라고 할 수 있다.

11) HEALTHCARE

바이오기술과 제약은 노령화와 더불어 시장이 커지고 있고, 핵심 산업으로서 전세계적으로 국가적인 지원을 받고 있는 분야이다. 다만 신약 개발에는 엄청난 비용이 필요하므로, 국내 기업들은 영세성을 벗어나지 못하고 있는 것이 현실이다. 다행히 정부 차원에서, 그리고 신수종 사업을 찾는 대기업군에서 산업의 경쟁력을 확보하기 위한 투자에 적극적이다. 기술자가 아닌 사람들이 진입 가능한 분야 중 하나

제3장 어학연수, 가지 마라

는 수요 예측, 가격 결정, 마케팅 전략 수립 등을 주도하는 마케팅을 비롯한 회계 재무, 인사, 홍보 등의 업무이다. 외국계 기업은 수익이 좋은 회사들이 많아 연봉이 높은 편이라는 장점이 있다.

의료산업은 미국의 경우 업종의 규모가 차지하는 비중이 전체 GDP의 7%에 이른다. 병원뿐만 아니라 의료장비, 클리닉, 컨설팅 등으로 세분화되어 있다. 한국의 의술도 세계적 수준으로 향상되면서 국내 병원들의 행보도 시간이 갈수록 빨라지고 있다. 해외 진출을 계획하면서 전략 컨설턴트를 임원으로 영입한 병원도 있고, 모 대학병원의 경우 외국의 환자들을 끌어모아 국내에서 진료하기 위해 미국에 사무실을 내기도 했는데, 해외로 진출하든 외국인 환자를 끌어모으든 간에 새로운 고용 창출이 일어날 것으로 보인다.

관련 과정으로는 Public Health(MPH)와 Health Service Administration(MHA) 등이 있으며, 대학 병원을 가지고 있는 학교들은 해당 프로그램이 개설되어 있다고 보면 된다. MHA 과정은 건강 관련 서비스 산업에서 경영, 행정, 기획 등의 업무를 주도하기를 원하는 사람들에게 다양하고 높은 수준의 교육을 제공하고자 하는 취지로 만들어진 프로그램이다. 따라서 의료 비즈니스에 특화된 MBA 과정이라고 봐도 무리가 없을 것이다. 과정에는 간호사, 의사, 물리치료사, 의료행정가, 공무원, 컨설턴트, IT 전문가 등 다양한 분야의 경력자들이 많고, 경력자들이 많은 과정인 만큼 정규수업 이외에도 커리어 빌딩을 위한 각종 워크샵과 네트워킹의 기회가 제공된다. 졸업 후

어학연수, 가지마라

커리어는 병원, 정부기관, 국제기구, 제약사, 컨설팅, 보험사 등 다양한 기회가 주어진다.

MPH 과정은 공공 건강 프로그램의 관리 및 공공 건강 정책에 대한 분석으로 공공의 건강에 영향을 미치는 요소들에 대한 다양한 분석을 수행한다. 보통은 헬스케어 관련 정부기관이나 국제 보건기구 등에서 일하기를 원하는 사람들을 위한 과정이다. 커리어도 건강 정책, 질병 예방 및 관리 등에 관한 정책 수립 및 집행, 평가의 업무이다.

작년 가을, 와그너 스쿨의 Health Policy and Management 석사 과정을 졸업한 L씨는 국내 모 대학병원 대외전략팀에서 프로젝트 매니저로 출발했다. 관련 경력은 전무하지만, 인력 공급이 없는 상태에서 만족스러운 직급을 받은 것이다. 석사과정 중 인턴십, 프로젝트, 그리고 자원봉사 등의 기회들이 주어져 다양한 경험을 할 수 있었고, 매니저로 일하게 된 대학병원은 해외 유수의 병원들과의 교류 협약, 비지니스 제휴, 국제병원 설립 추진 프로젝트 등 의료 강국으로서의 위상을 제고하기 위한 사업들을 진행중이다. 대형 프로젝트를 추진하다 보니 유수의 글로벌 전략 컨설팅 회사로부터 컨설팅 서비스를 받는 경우가 많은데, 최근에 각광을 받기 시작한 산업군이다보니 전문성을 가진 컨설턴트가 많지 않은 상황이다(전략 컨설턴트 중 한 명은 최근 국내의 유명 병원으로 스카우트 되기도 하였다).

MHA 및 MPH의 학위를 취득하기 위해서는 보통 60학점이 요구되며(2년 소요 예상) biostatistics, economics, epidemiology, finance, law, organizational theory, political science 등의 과목이 포함되어 있어 다양하고 포괄적인 접근이 가능하다. 두 과정의 학문 영역이 혼재되어 있는 과정도 많고, 어드미션을 위한 기준도 다양한 편이다. 예를 들어 관련 경력이 없어도 지원이 가능한 학교가 있는 반면, 하버드(Harvard University) 대학 MPH 과정의 경우 MD, JD, Ph.D. 혹은 관련 분야의 석사 취득자로 지원 자격을 한정해놓았다.

졸업 이후 미국에서의 커리어 패스는 병원, 컨설팅, 제약, 보험, 의료장비 등으로의 진출이 가능하다. 예를 들어 컨설팅의 경우 액센추어, 딜로이트컨설팅, 언스트 & 영, IBM 글로벌 서비스 등이 Healthcare Sector 부분으로 사업 확장을 시도하면서 컨설턴트로서의 커리어 기회가 있을 것이다. 미주리 대학교(University of Missouri)와 같이 장학금과 리서치 어시스턴트(research assistant)의 기회를 제공하는 학교도 있다. 다음 표는 MHA로 유명한 학교들을 비교한 자료이다. 취업률도 높은 편이어서 health administration의 경우 미네소타 주립대와 버지니아 커먼웰스 대학과 같은 명문대는 학생 전원이 졸업 전에 취업이 확정되곤 한다. 다만 여타 학위 과정과 마찬가지로 유학생의 경우 취업 비자 스폰서를 받는 것이 쉽지는 않다.

[표19] MHA로 유명한 학교

University of Michigan	University of North Carolina	University of Minnesota	Virginia Commonwealth
summer Internship 프로젝트 참여 (동문에 의해 코칭 받음)	Field Internship 3학기의 Professional Training	Healthcare Management 연구 센터가 있어 관련 이슈에 대한 수준 높은 리서치 수행	12개월동안 administrative residency라는 업계 종사자로터 mentor기회 제공
선수과목 수강시 타 대학원 과목 수강 가능	3~6명의 학생들이 팀으로 짜여짐 팀별로 프로젝트 등을 함께 수행	Healthcare, medical device 회사들 설립, 인더스트리가 성장을 지속하고 있는 지역	학비 상대적으로 저렴

12) ENERGY

녹색성장이라는 하나의 단어로 더 이상 설명이 필요 없는, 향후 발전 가능성이 가장 높은 산업군 중 하나이다. 요즘은 풍력 등이 각광을 받고 있는데, 최근 국내의 풍력발전 벤처기업 중 하나는 관련 기술을 제공하는 해외의 기업과 독점 공급 계약을 맺은 후, 인건비가 저렴한 국가에 생산설비를 가동했다. 현재는 프로젝트 파이낸스 개념으로 미국의 풍력발전 단지에 관련 설비를 수출하고 있는데, 이익률이 상당히 높다. 캘리포니아에서 애리조나 방향으로 10번 국도를 타고 두 시간 정도 가다보면 수백 개가 넘는 풍력발전기가 돌아가고 있는데, 일부는 이 회사에서 공급한 발전기이다. 에너지 사업은 풍력, 태양열뿐만 아니라 다양한 아이템들이 존재한다. 예를 들어 해조류나 슈퍼 카사바와 같은 천연 식물을 이용하여 에탄올을 생산하는 바이오부탄올,

원유가 아닌 공기 중의 이산화탄소를 포집하여 플라스틱을 생산하는 그린폴, 공장의 매연에서 배출되는 배기가스에서 질소산화물을 제거하는 SCR 기술 등 다양한 아이템들이 대체 에너지 산업군을 형성하고, 정부와 투자기관들이 적극적으로 투자 의사를 보이고 있다.

소위 '문과' 출신들은 엔지니어들과의 협력을 통한 프로젝트 파이낸스, 펀드 레이징(fund raising)이나 IPO 등의 재무 회계 관련 업무를 맡는 것이 일반적이다. 고객사들의 에너지에 대한 니즈를 분석, 공급 스케줄을 짜는 마케팅의 업무를 맡게 될 수도 있다. 예를 들어 선박에 특화된 엔진오일을 판매하는 외국계 정유사의 마케터는, 전체 선박의 수요를 예측하는 일을 담당한다. 프로젝트 매니저가 하는 일은 신사업 전략 기획 등이다. 업무는 에너지/정보 전자 소재 기술들의 시장성과 기존 사업과의 연관성을 고려하여 적합한 비지니스 모델을 고민하고, 재무적 투자자 유치를 위한 딜 구조를 설계하는 것 등이며, 인더스트리의 규모가 큰 만큼, 향후 증권사 애널리스트 등으로의 커리어 체인지도 가능할 것이다.

신사업 업무의 시작은 기술과 아이템에 대한 이해에서 출발하여, 사업의 경제적 가치에 대한 밸류에이션을 거치고, 분할모델 (joint venture, 분할, M&A 등)을 실행함으로써 완성된다. 이러한 일련의 과정을 고려해보면 기술의 원리를 이해하는 물리 · 화학적 지식, 밸류에이션을 수행하기 위한 마케팅 · 재무 · 원가 지식, 분할 모델과 투자 구조를 설계하기 위한 회계 · 법무 지식이 종합적으로 요구되는 분야

어학연수, 가지마라

이다. 따라서 사업계획서나 밸류에이션 보고서를 많이 보고 작성해보는 연습을 해보는 것이 필요할 것 같다.

관련 학위 과정으로는 엑손모빌, 쉐브론과 같은 글로벌 에너지 기업들의 본사가 있는 휴스턴에 위치한 라이스 대학(Rice University) 등이 추천할 만하다. SK에너지에서 신사업 기획을 맡고 있는 강성윤 대리는 성공적으로 에너지 산업군에 진입한 케이스이다. 유학 이전의 경력 연수가 많지 않았다는 점도 비교적 쉽게 커리어 체인지를 하는 데 도움을 주기도 했지만, 라이스 대학에서 MBA를 하면서 서머 인턴을 오일, 가스 설비 제조업체에서 비즈니스 애널리스트로 근무한 경험이 에너지 산업군에 진입하는 데 큰 도움이 되었다. 라이스 대학의 MBA의 커리큘럼, 인적 네트워크도 에너지 관련 산업에 초점이 맞추어져 있다.

일반 석사 과정으로는 인터내셔널 스터디(International Study) 관련 과정이 해당될 것이다. 에너지 분야는 글로벌 단위의 프로젝트가 많은데, 해당 학위 과정은 관심이 있는 지역에 대한 연구와 에너지나 환경 산업에 대한 연구를 병행할 수 있기 때문이다. 실제로 중부에 위치한 대학에서 인터내셔널 스터디로 석사 과정을 공부한 학생이 전공을 국제 경영과 오일과 가스 분야 개발 경제를 선택했고, 졸업 후 에너지, 광물 등 다양한 분야에서 파이낸스 경력을 쌓았다. 근무 지역도 다양한 국가들을 망라했음은 물론이다. 관련 과정을 제공하는 학교는 컬럼비아 대학(Columbia University)의 SIPA(School of International and Public Affairs)에서 제공하는 Master of International Affairs 등이 유명한데, 전공 분야로 energy and environment track이 있다. 과목도 대체 에너지 자원·전기·바이오 연료·석유 등으로 다양하게 분류되어 있으며, 에너지 관련 프로젝트 개발 및 파이낸싱, 리스크 관리 등의 지식도 쌓을 수 있다. 중동, 아프리카, 아시아 등 지역별 에너지 산업에 대한 현황도 알 수 있게끔 커리큘럼이 짜여져 있다. 존스 홉킨스 대학(Johns Hopkins University)의 Master of International Public Policy 과정 등에서도 energy, resources and environment 등을 공부할 수 있다.

13) PERSONAL FINANCE

상업 은행이 단순히 예대 마진으로 수익을 올리던 시대는 이미 지났다. 수익을 올리기 위해 사업을 다변화 하면서 경쟁자는 뮤추얼 펀드나 투자은행이 되었다. 따라서 직원들이 전문성을 강화하지 못한다면 입사 시 다른 산업군 대비 약간 높은 연봉이 장기적인 관점에서는 큰 메리트가 되지 않을 것이다. 직원들은 고객들에게 금융 상품에 대한 정보(높은 수익률이나 절세 효과 등)를 제공하거나 고객들의 질문에 설명을 할 수 있는 능력을 갖춰야 한다. 기업 영업에 있어서도 재무제표를 분석할 능력을 갖춰야 하며, 동시에 파생상품 등 기업의 재무 구조 개선에 도움이 될 수 있는 상품을 팔기도 하므로 관련 지식이 있으면 당연히 도움이 된다.

요즘 향후 전망있는 직업에 대해 서치를 하다보면 PB(Private Banking) 혹은 FP(Financial Planning)와 같은 단어가 자주 등장한다. 베이비붐 세대들, 즉 전체 인구에서 상당한 부분을 차지하고 경제성장기와 맞물려 자산을 많이 가진 세대들이 은퇴하는 시기가 되면서 이들이 어떻게 재산을 관리해야 하는지에 대한 이슈와 함께 인기가 높아진 직종이라고 보면 된다. 자산관리는 크게 절세와 투자로 나뉘는데, 고객들의 니즈가 다양해지면서 요즘은 둘 중 한 분야에서만 전문성을 쌓아도 능력을 인정 받을 수가 있다(사실은 한 분야에서 전문성을 발휘하는 일도 쉽지 않다). 고객들이 많이 똑똑해졌고, 해외 부동산 투자 등 니즈도 다양해졌기 때문이다. 이러한 니즈를 감안할 때, 해외의 리테일 뱅크에서 근무하는 것도 자신을 차별화할 수 있는 좋은 기회가 될 것이다.

미국에서는 HSBC Bank USA 등에서 한국어가 가능한 리테일 모기지 컨설턴트를 채용하는데, 미국의 부동산 시장에 대한 이해를 높일 수 있을 것이며, 한국계 리테일 뱅크에서도 론 세일즈나 심사 분야에 인원을 간간이 채용한다. 미국 서부에서 경영학 석사 과정을 마친 유학생 한 사람은 한인계 스몰 비즈니스 론 분야에서 경력을 쌓은 후 좋은 실적을 인정받아 현재 서부에 위치한 한국계 은행의 지점장으로 일하고 있다. 한국에 진출했거나 진출하려는 외국계 은행으로부터 스카우트 제의를 받고 있기도 하다.

관련 학과로는 위에 소개한 파이낸스 석사 과정 외에도 퍼스널 파

제3장 어학연수, 가지 마라

이낸스 석사 과정이 있다. 이 분야는 실무적인 과정과 리서치 위주의 과정으로 나뉘는데, 국내 대학의 소비자학과에 가장 가깝다. 퍼듀 대학, 오하이오 주립대, 조지아 대학(University of Georgia), 버지니아 공대(Virginia Tech) 등이 리서치 위주의 과정이라면, 조지아 주립대(Georgia State University), 텍사스 공대(Texas Tech) 등은 파이낸스와 세무 분야가 어우러진, 비즈니스 스쿨에 포함된 실무 과정이다. 리서치 위주의 대학들은 리서치 어시스턴트로 일하는 조건으로 장학금을 받을 수도 있으므로, 재정 문제로 고민하는 유학 희망자들이 지원을 고려해볼 만하다. 현지에서 취업을 원한다면 세무 관련 지식을 쌓는 것이 유리하다. 관련 자격증으로는 CFP(Certified Financial Planner) 등이 있다.

어학연수, 가지마라

4

이력서와 인터뷰는 이렇게 준비한다

이력서 작성
노하우

한 장의 이력서(resume)와 두 시간의 인터뷰가 여러분의 인생을 바꿀 수 있다.

이런 말을 해주면 다 알고 있는 이야기라고 하는 사람도 많다. 그럼에도 불구하고 많은 사람들이 예나 지금이나 쳇바퀴 돌듯, 이력서에 별로 신경을 쓰지 않는다. 아래의 글은 20대 중반에서 후반으로 넘어가는, 마케팅 직군에 종사하는 김씨가 이력서와 함께 보낸 자기 소개서의 일부이다.

○ ○ 회사 마케팅 포지션에 지원하게 된 김○○입니다. 저는 ○ ○ 에서 1

년간 마케팅 어시스턴트로 근무했습니다. 지난 1년은 저 자신이 가진 능력에 대해 생각해 볼수 있는 시간이었습니다. 새로운 직장에서 근무할 기회를 주신다면, 좋은 모습으로 보답하겠습니다. 감사합니다.

경기가 나빠지면서 인력 구조조정을 할 수밖에 없는 회사들이 많았는데, 이 친구도 혹독한 경기 불황의 직격탄을 맞았다. 사실 요즘은 김씨와 비슷한 상황에 놓여 있는 사람들의 이력서가 매일 수십 장씩 들어온다(제발 이 책이 출간될 때에는 경기가 활황이 되어서 역사상 유례 없는 구인난으로 기업들이 발을 동동 구르길 바란다). 그런데 이런 사람들의 자기소개서나 이력서에는 공통점이 발견된다. '차별화된 나만의 무엇'이 보이지 않는다는 것이다. 알기 쉽게 표현하자면 '고용주가 나를 뽑아야 하는 이유'에 대한 어필이 부족하다.

이력서에는 괜찮은 학점과 TOEIC 점수, 어학연수, 운전면허증을 포함한 어필하기 어려운 자격증들, 자기소개서에는 화목한 가정에서 잘 지내왔다는 등의 내용이 주를 이룬다. 직업은 세분화되고 있는데, 구직자들의 스펙은 내가 대학생이었던 시절이나 지금이나 비슷비슷한 것이다. 김씨는 마케팅 경력자임에도 불구, 제품을 차별화하는 것은 알지 몰라도 개인도 차별화해야 한다는 사실은 잘 모르는 것 같았다.

한국이든 해외든, 이력서와 인터뷰 준비에 있어서의 핵심 사항은 동일하다. 관련 정보들이 워낙 많으므로, 가급적 간단하게 설명하자면,

어학연수, 가지마라

이력서는 Name & Contact Information / Objective / Education / Work Experience / Activities / Others 로 구성되어 있다.

이력서 컨설팅 받는 분들에게 강조하는 말이 있다.

"남에게 보여주기 위해 작성하지만 결국은 나를 위한 작업이다."

은퇴할 때까지 계속 수정되는 한 장의 이력서는 내 인생의 기록을 축약해놓은 것이다. 은퇴 시점에서 이력서를 보고 뿌듯함을 느낄 수도 있고, 허무함을 느낄 수도 있다. 따라서 '나의 인생을 충실하게 살겠다'라는 약속을 하고 이력서를 작성하기 시작하자.

좋은 이력서를 쓰기 위한 다음 단계는 자신에 대한 냉철한 평가를 하는 것이다. 자신에 대한 장점과 단점을 발견하게 된다면, 어떤 강점을 계발할지, 어떤 약점을 보완해야 할지, 조직에 공헌할 수 있는 지식과 기술은 무엇인지, 현재 가장 필요한 것이 무엇인지 등이 명확해질수 있기 때문이다.

채용 프로세스는 이력서 심사-실무자 인터뷰-중역 인터뷰의 순으로 진행되는 것이 일반적이다. 지원자의 이력서는 대개 인사 담당자가 처음 접하게 되는데, 지원자가 많이 몰리는 경우 인사 담당자가 이력서를 보는 시간은 짧으면 30초 정도에 불과할 수도 있다. 따라서 이력서는 간결할 뿐만 아니라 지원하는 포지션과의 연계성이 있다는 느낌이 전달되어야 한다. 즉, 인사 담당자들이 '왜 당신의 이력서를 읽어야 하는지'를 이해시킬 수 있을 정도의 수준이 되어야 한다. 이력서 작성 시 주의사항을 정리하면 다음과 같다.

제4장 이력서와 인터뷰는 이렇게 준비한다

강점은 내세우고 약점은 버려라

회사에서 특별하게 요구하는 양식이 없다면 강점 위주로 작성하는 게 좋다. 예를 들어 학점이 낮은데 굳이 표시할 필요는 없다는 것이다. 학점을 표시해야 하는 경우, 교내 동아리 활동 등 자신을 어필할 수 있는 내용을 바로 밑에 기재해서 약점을 보완하도록 하는 식으로 작성하는 것이 좋다. 내세울 경력이 없는데 학점이 좋은 경우, 수강한 과목들 중 지원하는 포지션에 어필이 될 만한 과목들을 포함시키도록 하자.

최근에서 과거 경력 순으로 기술하는 것이 일반적이다

최근의 경력 사항에 대해 상대적으로 많은 공간을 할애하고, 중요한 업무 순으로 위에서부터 써내려간다. 현재 직장과 이전 직장의 업무가 유사하다고 해도 copy & paste 하진 말도록 하자. 성의가 없고 발전된 모습이 보이지 않는 후보자를 채용하길 원하는 회사는 없으므로. 나도 성의 없는 이력서는 고객사에 절대 추천하지 않는다.

성과는 구체적인 결과로 표현해라

중요한 성취나 조직에 대한 기여를 강조하고, 숫자나 상황의 결과 등 구체적으로 표시하는 것이 중요하다(예: ○ ○ 프로모션을 기획, 실행하여 ○ ○ 제품의 판매량이 ○ ○% 증가하는 데 공헌했다). 이러한 내용들은 시간이 지나면 잊어버릴 수도 있으므로, 중요한 업무를 진행할 때마다 이력서를 업데이트 하거나 따로 기록을 해놓는 것이 좋다. 결과 위주로 이력서를

어학연수, 가지마라

작성하는 습관을 들이다 보면, 새로운 업무를 맡을 때마다 목표를 명확히 정해놓고 일을 추진하는 자세가 몸에 배는 부수 효과도 기대할 수 있다.

문장은 동사로 시작하는 것이 일반적이다

현재 하는 일은 현재 시제로, 과거의 경험은 과거 시제로 명확히 구분해야 한다. 후보자들의 이력서들 중 시제가 모두 과거형이거나 현재형으로 통일되어 있는 경우가 있는데, 사소한 것 하나 때문에 이력서가 통과되지 못할 수도 있다는 것을 명심하기 바란다.

activities 또는 memberships 등 개인에 관한 내용을 넣자

회사들은 공부만 잘 한다든지, 한 쪽에 치우친 사람을 그다지 선호하지 않는다. 이력서에 좋아하거나 잘하는 것 몇 가지를 꼭 포함시키기 바란다. 해외 취업 시, 그리고 외국계 회사와의 인터뷰 시에는 과외 활동에 대한 주제를 가지고 대화가 시작되는 경우도 많다. 자신이 가장 잘 아는 내용이니 대화를 이끌 수 있게 되고, 자신감이 생겨서 좋은 결과가 나올 가능성도 높아질 것이다.

단어 선택을 잘해야 한다

가급적이면 assisted나 prepared 등의 수동적인 동사는 지양하고 initiated, managed, analyzed 등의 주체적인 동사를 사용하도록 하자. 이해하기 어려운 단어나 약자는 가급적 피하자. 실무자가 직접 이력서를 받는 경

제4장 이력서와 인터뷰는 이렇게 준비한다

우라면 문제가 되지 않겠지만, 인사 담당자가 이력서 심사를 먼저하는 경우도 대비해야 하기 때문이다.

이력서를 커스터마이즈 하자.

지원하고 싶은 회사에서 요구하는 사항들에 맞게 이력서를 커스터마이즈(customize)하는 작업도 중요하다. 실제로 기업이 요구하는 내용 중 자신이 어필할 수 있는 장점을 위주로 이력서를 작성, 제출하는 후보자가 인터뷰 오퍼를 많이 받는다.

이력서 작성은 일찍 시작할수록 좋다

대학에 입학하자마자 이력서를 작성해보자. 졸업 시점에서 이력서를 작성하려고 하면 뭘 쓸지 몰라 고민만 하게된다. 조그만 식당에서 아르바이트를 한 경험이라도 이력서에 넣어보자. 어떤 목적으로 이 일을 했으며, 성과를 내기 위해 어떤 노력을 했는지를 구체적으로 써보면 나의 강점은 무엇인지, 개선점은 무엇인지를 느낄 수 있으며, 이력서도 점차 훌륭하게 바뀔 것이다.

이력서에서 빼야 할 것들

많은 사람들이 영문 이력서를 작성할 때 한글 이력서를 영어로 직역한다. 예를 들어 영문 이력서는 본인의 영문 이름으로 시작하는 것이 일반적인데 '이력서' 라는 단어로 시작하는 국문 이력서 양식을 직역하다 보니 영문 이력서가 ‘RESUME’ 라는 단어로 시작을 한다. 전술한 것처럼, 영문 이력서는 이름이 맨 위에 나오는 것이 일반적이다. 채용 담당자는 누구나 소지하고 있는 운전면허증 등에도 관심이 없으며, 가족관계도 단순히 참고만 할 뿐이다. 이력서의 공간은 내가 가진 모든 장점을 모두 채워 넣기에도 모자라며, 소소한 것들은 자신의 가치를 떨어뜨린다.

현지에서 취업을 목표로 하는 경우 회사에 이력서를 보낼 때 하드 카피(hard copy)로 보내는 것이 이메일로 보내는 것보다 인터뷰 기회를 잡을 가능성이 높은데, 이유는 크게 두 가지다.

인사 담당자가 수많은 온라인 이력서를 볼 시간은 없다. 키워드 서치로 이력서를 솎아내는 정도로 이력서 스크리닝을 끝내는 경우도 있다. 따라서 자신을 차별화할 수 있는 방법을 찾아야 하는데, 하드 카피로 보내는 것이 좋은 방법이다.

또한 각 대학에는 온라인으로 이력서를 지원하는 포털 시스템이 있는데, 영주권 이상만 지원하라고 되어 있는 포지션도 많으며, 이러한 경우 유학생은 시스템 상에서 지원이 불가능한 회사도 많다. 하드 카피로 이력서를 보내면 신분적인 제약을 극복하고 인터뷰 기회를 잡을 수도 있다.

제4장 이력서와 인터뷰는 이렇게 준비한다

2

인터뷰
가이드 라인

외국계 기업이나 해외 현지 취업을 원하는 분들이 가장 어려워하는 부분은 인터뷰이다. 인터뷰가 취업에 그렇게 중요하냐고 묻는 분들이 많은데, 답은 '절대적으로 중요하다'이다. 그렇다면 어떤 질문이 나올 것이며 어떻게 대응해야 하는지에 대해 인터뷰 이전, 도중, 그리고 이후로 나누어 간략하게 설명하겠다.

인터뷰는 여러분과 여러분을 채용하고자 하는 고용주 간에 서로를 알아가기 위한, 그리고 서로에게 어떻게 도움이 될지에 대해 양측이 생각하는 정보를 전달하는 과정이다. 따라서 단순히 해당 기업에 취업을 하기 위한 과정을 넘어, 여러분이 입사 후 조직의 성장을 위해 최선을 다할 수 있는 회사인지를 파악하는 기회를 가진다는 점에도 의미를 부여하기 바란다.

위와 같은 의미를 부여하다 보면, 여러분이 가진 학점이나 경력 등 이력서에 나온 '눈에 보이는' 것 이외의 무엇인가를 준비해야 한다는 생각이 들 것이다. 일단, 여러분이 가장 중요하게 생각하는 인생의 가치, 이와 관련된 자신의 비전에 대해 구체적으로 설명해보는 시간을 가지기 바란다. 여러분과 가족보다 많은 시간을 보내야 하는 고용주는 여러분이 일만 잘하는 기계이길 원하지 않기 때문이다. 즉 가치 그리고 비전 등과 관련하여 여러분이 가진 학력, 경력뿐만 아니라 성격, 취미 등 모든 것을 자신에게 묻고 답해보기 바란다. 면접 시 묻는 질문들은 대개 이 범주에서 크게 벗어나지 않을 것이다.

중요한 것들을 추가적으로 이야기한다면 첫째, 이력서에 나와 있는 내용에 대해 자신 있고 일관성 있게 말할 수 있어야 한다. 둘째, 여러분이 면접관이라면 이력서를 보고 어떤 질문을 할지를 생각해보는것도 좋은 방법이다. 면접관은 이력서가 여러분에 대한 유일한 그리고 모든 정보이기 때문이다. 셋째, 이야기하는 과정에서 잘 정제된 단어를 선정하여 듣는 사람으로 하여금 '저 친구, 준비를 잘 했구나'라는 느낌이 들게 하는 것이다. 나의 의견을 뒷받침하는 예를 들어주거나 경력자의 경우 해당 업종이나 직군에서 자주 쓰이는 단어를 사용하는 것도 면접관에게 긍정적인 느낌을 전달할 수 있다. 마지막으로, 영어 대본을 외우는 듯한 암기는 지양하고 예상 질문에 대한 답변을 먼저 생각한 후, 답변과 관련된 키워드들을 적어 놓고 답변하고자 했던 내용들을 키워드와 연결해가면서 자연스럽게 대화하듯이 얘기하는 연습을 하기 바란다.

여기에 하나 덧붙이고 싶은 것은, 이전의 백그라운드에 대해 자신감을 가지고 당당하게 대답하라는 것이다. 인터뷰를 진행하는 고용주도 인간이며, 완벽하지 않다는 사실을 기억하기 바란다. 학업 성적이나 과거 경력이 좋았던, 혹은 그렇지 않았던, 여러분이 살아온 소중한 과정 중 하나이므로 항상 긍정적으로 생각하기 바란다. 예를 들어 왜 학점이 좋지 않았냐는 질문에 대해, 축구 동아리 활동을 정말 열심히 했다면, 다음과 같이 답할 수도 있을 것이다.

"대학 시절 축구에 빠진 적이 있었는데, 팀을 위해 자신을 희생하는 것이 얼마나 소중한지 느꼈다. 결과적으로 학점은 덜 나왔지만, 팀의 승리를 위해 어떻게 팀원을 리드해야 하는지, 조직 전체에 어떻게 공헌을 해야 하는지를 배웠다. 또한 시합에 참석하느라 지방에 내려가는 기차에서 숙제를 해야 했고 강의를 못 들은 부분을 보완하기 위해 숙소에서 공부했다. 학점은 낮았지만, 과거에는 겪어보지 못한 도전이었고, 개인적으로 성숙하게 된 소중한 경험이었다."

1) 인터뷰 이전

인터뷰는 회사 설명회, 인사 담당자와의 지속적인 접촉 등의 과정도 포함된다고 생각하면 된다. 따라서 설명회 때부터 적극적으로 질문하고 명함을 요청하고 메일을 보내기 바란다. 이런 조언을 잘 따른 학생 중 현지 회계법인으로부터 인터뷰를 받은 사례가 있었다. 회사 설명회가 직후 인사 담당자를 따로 만나 자신을 간략히 소개하고 이력서를 제출한 것이 좋은 결과로 연결되었다. 회사와 인터뷰 시, 인터뷰를 기다리는 동안에도 인사 담당자가 말을 거는 경우가 있는데, 이것도 평가의 일부가 될 수 있다. 따라서 이때부터가 인터뷰의 시작이라고 보면 될 것이다. 마지막으로, 인터뷰 시 최소 30분 전에 도착하는 것이 좋고, 첫인상도 중요하므로 인터뷰용 고급 정장 한 벌 정도는 따로 준비하기 바란다.

2) 인터뷰 도중

서두에는 '자신에 대해 소개해봐라'라는 질문이 많다. 너무 장황하게 말하지 말고, 이력서의 내용을 토대로 과거부터 현재에 이르기까지 왜 특정한 전공이나 회사를 선택했는지에 대한 이유를 간략하게 설명하는 것이다. 별 생각없이 선택한 전공이나 직장이었다 할지라도 말이다.

가급적 현재 인터뷰를 하고 있는 포지션과 연결성 있게 이유를 만드는 것이 좋다. 예를 들어 지원하는 포지션이 요구하는 능력(예를 들어 논리력, 수리력 등)을 보여준다면, 면접관에게 어필하는 좋은 기회로 만들 수 있다. 이를 위해서는 이미 언급한 바와 같이 자신에 대해 생각해볼 시간을 충분히 가진 다음 장단점들을 나열해보고, 그 중에서 지

제4장 이력서와 인터뷰는 이렇게 준비한다

원하는 포지션에 필요한 부분을 고르는 과정이 필요하다.

답변이 끝나면 대개 면접관이 당신에 대한 많은 정보를 얻기 위해, 또는 대화를 이어나가기 위해 이력서상의 한 부분을 짚어서 질문을 하게 된다.

예를 들면 '회사에서 재무를 담당하는군요. 그 회사 현금흐름이 아주 좋을 것 같은데, 어떻게 생각해나요?'라고 물었다고 가정해보자. 이처럼 새로운 주제에 대한 생각이나 의견을 답변할 수 있어야 한다. 경력상의 공백에 대한 질문을 받을 수도 있는데, 답변하기 어려우므로 매번 말씀드리지만 자격증이나 유학 준비한다고 공백을 만드는 것은 추천하고 싶지 않다.

자주 나오는 또 하나의 질문은 "자신의 강점 혹은 약점이 무엇인가"에 관한 것이다. 성격적인 장점이나 단점에 대한 질문인데, 성격적인 특성은 긍정적인 부분과 부정적인 부분을 모두 가지는 경우가 많다. 일단 자신의 성격적 특성을 이루는 핵심적인 면에 대해 생각해본 후, 지원하는 포지션의 업무 환경이 어떨지를 생각하고 그 성격이 해당 업무를 하는 데 있어 자신을 이롭게 할지, 아니면 방해가 될지를 생각해보면 인터뷰 준비에 도움이 될 것이다.

강점과 관련, 보통 외국계 회사나 해외 현지 기업들과의 인터뷰 시에는 리더십, 팀워크, 분석 스킬 등을 강조하는 것이 좋다. 약점도 솔직하게 말해야 한다. 예를 들어 "나는 너무 일을 열심히 하는 게 약점이다"라고 답변해서 면접관으로 하여금 "이 사람이 나를 바보로 아나?"라는 느낌이 들지 않도록 주의하기 바란다. 물론 불필요하게 드러내지 않아도 될 약점을 보여서도 안 된다. 예를 들어 "나는 시간을 못 지킵니다"와 같은, 여간해서는 고쳐지기 어려운 약점을 답하는 것은 금물이다. 결국 '개선의 여지가 있는 약점'이며, 현재도 약점을 고치기 위해 노력을 하고 있다는 점을 보여주면 적절한 답변이다. 혹은 이력서상에서 약점으로 보이는 부분을 집어내서 답변을 할 수도 있다. 예를 들자면 다음과 같다.

"제 이력서를 보시면 아시겠지만, 채용자의 입장에서는 지금까지의 경력과 지원한 포지션이 크게 관련이 없다고 생각할 수 있습니다. 그럼에도 불구하고, 과외 활동으로 광고와 브랜드 전략 동아리를 이끌면서 마케팅에 대한 지식을 쌓았고, 이러한 경험이 새로운 포지션에서 능력을 발휘하기까지의 시간을 단축하는 데 도움이 될 것이라고 생각합니다."

지원하는 포지션과 관련이 있는 성격상의 단점에 대해 답변하는 것도 좋다.

"저는 회사 내에서 내성적이고 소심한 사람으로 분류되는 경향이 있는데, 실제로는 상당한 수준의 수리적인 스킬을 요구하는 업무를 독립적으로 완수할 수 있는 능력을 가졌을 뿐만 아니라 다양한 데이터를 분석하여 깊이 있는 인사이트를 제공하는 프레젠테이션을 하는 데 많은 시간을 할애해왔습니다. 이러한 능력은 궁극적으로 상사나 동료들에게 큰 도움이 된다고 생각합니다."

다시 한번 강조하지만, 약점을 이야기할 때는 솔직하게 하되, 긍정적인 방향으로 이끌거나 개선하기 위한 노력을 보여주는 것이 바람직하다. 이도 저도 안될 것 같으면, 간단히 언급하고 지나가는게 좋을 것이다. 강점과 약점을 함께 답할 것을 요청하는 경우도 있는데, 이런 경우에 대비해 답변할 순서를 미리 정해놓고 연습하는 것도 좋다. 예를 들어 장점을 먼저 간단하게 이야기하고, 이와 관련한 간단한 경험담을 이야기한다. 그리고 자신이 가진 단점과 극복하려는 노력을 사례를 들어 이야기한 후에, 자신의 장점과 단점이 지원하는 회사에 어떻게 도움이 될지를 설명하는 식이다.

성격적 단점에 대해 직접 묻지 않고 다른 질문을 통해서 성격을 파악하는 경우도 있다. 예를 들면 "이전에 근무했던 회사나 직무에 대해 어떻게 생각하는가" 등의 질문이다. 당연히 부정적으로 답하면 절대로 안 되고, 우선 자신이 한 업무에 대해 간략하게 설명한 후, 만족했던 부분 위주로 답하는 등 긍정적으로 답변을 이끌어나가기 바란다.

특정한 상황에 처했을 때 어떻게 해결했는지, 혹은 어떤 성격적인 특성을 보였는지에 대한 구체적인 예를 들도록 요구하기도 한다. 리더로서의 역할, 팀워크, 문제 해결, 성공적 혹은 실패한 프로젝트, 상사와의 마찰 등이 답변을 요구하는 질문들이다. 답변을 위해서는 실제 있었던 사례들을 정리한 후 사례별로 답을 준비해놓아야 한다.

가끔은 놀리는 듯한 질문 때문에 스트레스를 받을 수도 있다. 나도 과거 미국에서 구직 시 이런 질문으로 인해 당황했던 적이 있었다. 스

어학연수, 가지마라

트레스를 많이 받는 직업일수록 구직자를 시험하는 차원에서 이런 질문들을 하는 경우가 많다. 질문의 소재는 대개 지금까지의 경력이나 학점을 트집 잡는 "과거의 경력과 현재 지원하는 포지션이 연관성이 없어 보이는데?" " 학점이 그다지 좋지 않네?"와 같은 질문들이 주를 이룬다. 일단은 '관심이 있는 지원자일수록 이런 질문들을 많이 하겠지'라고 생각하면서, 질문에 대해 기분 나쁘게 받아들이지 않는 것이 좋은 답변을 위한 핵심이다.

"지금 전 세계에 파리가 몇 마리나 된다고 생각하나?" "하루에 팔리는 떡볶이의 양은 얼마나 될까?" 등의 사례 질문은 여러분의 논리력이나 사고 과정을 시험하기 위해, 혹은 복잡한 상황에 영향을 미칠 수 있는 요인들을 끄집어낼 수 있거나 의미 있는 답변을 제시할 수 있는 능력 등을 시험하기 위해 내는데, 주로 전략 컨설팅 회사에서 이런 질문이 많이 주어진다. 관련 자료는 맥킨지와 같은 컨설팅 회사의 웹사이트에 가면 찾을 수 있다.

"우리 회사에 대해 궁금한 게 있는가?" 인터뷰 말미에 항상 나오는 질문이다. 홈페이지에는 없거나 인사 담당자의 회사 설명회 시 소개가 되지 않은 부분에 대한 질문이 좋다. 회사에 관심이 있다는 느낌을 줄 수 있기 때문이다. 나도 가끔 기업 인사 담당자들의 의뢰를 받아 인터뷰 과정에 참여하는 경우가 있는데, 면접관에게 좋은 느낌을 주는 질문들은 다음과 같다.

제4장 이력서와 인터뷰는 이렇게 준비한다

- 단순하지는 않지만 면접관이 답변하기 어렵지 않은 질문

- 면접관이 답변을 하면서 자신이나 회사의 장점을 말하게 되는 질문

면접관들에게 할 수 있는 질문의 소재들은 아래와 같다.

- 기업의 문화, 혹은 지원한 포지션에 합격후 일을 할 때 가장 어렵다고 생각되는 점들

- 회사 내 인재들이 가진 공통점

- 면접관들이 왜 그 회사에 입사하게 되었는지, 혹은 면접관들의 직장에서의 일상

- 회사가 나에게 바라는 점

가장 좋지 않은, 그러나 지원자들 사이에서 예상 외로 자주 나오는 질문 중 하나는 "연봉이 얼마나 됩니까"이다. 해외 MBA를 채용하러 리크루팅을 갔던 모 대기업 인사 담당자가 면접 시 학생들로부터 들은 질문들 중 '최악의 질문'으로 꼽은 것도 연봉에 대한 질문이었다.

실제로 많은 지원자들이 인터뷰 때 범하는 실수 중 하나가 근무조건에 대한 부분이다. "왜 우리 회사에서 근무하고 싶은가?"라고 물었을 때, 이직하고자 하는 회사가 근무 환경이나 조건이 좋다고 해서 그 부분을 지나치게 강조하는 것은 좋은 답변이 아니다. 급여나 복지 등의 문제는 채용이 확정된 후에 조정하는 것이 일반적이다. 따라서 회사의 성장성, 업무 환경 등을 매력적인 이유로 들고 회사의 비전과 자신의 발전 방향이 같은 방향임을 강조하는 것이 바람직할 것이다.

어학연수, 가지마라

미국에서는 면접관이 면접 중간, 혹은 말미에 자진해서 회사에 대한 설명을 해주기도 한다. 친절하다는 인식을 줌으로서 자사의 좋은 이미지를 지원자에게 전달하려는, 인사 담당자의 직업 정신에서 비롯된 것일 수도 있다. 다만 여러분이 미리 준비한 것까지 면접관이 미리 말해주면 효과가 떨어지게 되므로, 인터뷰 도중 해당 회사에 대해 조사했던 부분을 인용하는 것도 면접관에게 좋은 인상을 줄 수 있을 것이다. 실무자와의 인터뷰에서는 회사뿐만 아니라 해당 인더스트리에 대한 거시적인 질문도 나올수 있다. 질문의 내용은 '전반적인 산업의 트렌드' 혹은 '최근의 주요한 환경 변화가 해당 인더스트리에 미칠 영향' 등이 해당된다. 따라서 관련 뉴스들도 틈나는 대로 정리를 해놓는 것이 좋다. 외국계 기업 관련 정보들은 외국 기업들을 한국에 홍보하기 위한 단체들의 사이트를 방문하면 얻을 수 있다. 예를 들어 유럽 상공회의소 사이트(http://www.eucck.org)에 접속하면 한국에 진출한 EU 기업들의 명단, 설립 연도, 위치, 연락처 등의 정보 조회가 가능하다.

인터뷰 도중 가장 난감한 상황은, 답변을 도저히 할 수 없는 질문이 나올 경우, 혹은 답변 도중 긴장하거나 머릿속이 복잡해져서 답변의 방향 자체를 바꿔야 한다는 생각이 들 경우이다. 이럴 경우 가장 좋은 대처 방법은 적당한 답변을 생각할 시간을 버는 것이다. 방법으로는, 질문에 대해 잠시 생각할 시간을 줄 것을 요청하거나, 질문을 좀더 명확하게 반복해줄 것을 요청하거나, 혹은 머릿속에서 다시 한번 정리한 후 답변하는 것이다. 이러한 요청들이 어려운 상황이라고 판단된다면 "지금 주신 질문에 대한 답변은 나중에 드려도 되겠습니까? 답변 드리는 도중 잠깐 방향이 빗나간 것 같습니다"라고 정중하게 양해를 구하며 곧바로 답변을 어떻게 할지를 생각하는 게 낫다. 이렇게까지 노력했는데도 같은 질문에 답변을 못한다면 "답변을 하기가 정말 어려운 질문입니다. 명함을 주시면 이메일로 답변 드려도 될까요?"라고 이야기하는 것이 어물쩍 넘어가는 것보다는 낫다. 물론 있어서는 안 될 최악의 상황이지만.

일반적인 인터뷰 팁들을 요약 정리하면 아래와 같다.

- 인터뷰 시작과 말미에는 악수를 할 때 손에 약간 힘을 줘서 잡는다.

- 그리고 항상 웃는 얼굴로 상대방을 대한다.

- 답변 시 구체적인 사례를 들어가며 자기 생각을 뒷받침하는 발언 태도를 가진다.

  논리적인 사람이라 는 인상을 주는 데 좋다.

- 성취한 업적은 작은 것이라도 동료나 상사에게 어떤 도움이 되었는가를 부각시킨다.

- 답변 도중 "어… 음…" 이라고 더듬거나 "…인 것 같습니다" 등의 불확실한 표현은 피한다.

- 어설픈 답변을 하는 것보다 적당한 답인지를 머릿속에서 정리하는 시간을 갖는 것이 낫다.

  답변하기 전 약간의 시간이 지나가는 것은 괜찮다.

- 거짓말이나 변명, 타인에 대한 비방 등은 삼간다.

- 반복하지만, 연봉이나 복지 등의 질문은 면접관이 물어보지 않는 이상 삼가도록 하자.

  대개는 합격 후 협상을 통해 자연스럽게 결정된다.

• 특히 인터뷰를 연습할때 1) 면접관과 눈 맞추기 2) 또박또박 이야기하기 3) 논리적으로 이야기하기 등은 평소 몸에 익혀서 습관화한다.

최근의 채용 트렌드를 보면, 발표 형식으로 자기 소개를 하는 경우도 있는데, 고용주는 지원자와의 핏(fit)이 맞는지를 체크한다. 즉, 지원자의 비전 등이 회사의 비전과 어떻게 어울리냐에 대한 내용이 발표 주제의 핵심이며, 이는 회사에 대해 지원자가 얼마나 많은 관심을 가지고 있는지, 혹은 얼마나 많은 정보를 얻기 위해 노력했는지를 가늠하는 중요한 기준이 된다. 시간이 갈수록 핏에 대한 고용주의 요구 사항은 더해질 가능성이 높다. 남발하는 이력서를 막기 위한 목적이 있음은 물론이다.

3) 인터뷰 이후

감사의 편지('Thank you letter' 라고 한다)를 보내도록 하자. 이메일로 보내도 좋으니, 가급적 이튿날까지는 꼭 보낼 것을 권한다. 편지 안에는 인터뷰 때 이야기했던 것들, 그리고 회사에 대한 관심 등이 간략하게라도 포함이 되면 좋다.

다음은 글로벌 회계법인과 인터뷰를 한 대학생의 인터뷰 경험담이다. 미국 회계학 석사 과정에 입학하기 전에 내게 취업에 대한 조언을 받았고, 실천에 옮겨 지금은 뉴욕의 빅펌에서 근무 중이다. 내용을 읽어보면 지금까지의 인터뷰에 대한 설명이 쉽게 이해가 될 것이다.

저의 경우 학교 커리어 센터를 통해 회계법인 지원이 가능했습니다. 회사에서 먼저 관심이 가는 학생들을 선택한 후, 인터뷰를 하자는 오퍼를 받았습니다. 인터뷰 3일 전에 인터뷰 오퍼를 받은 학생들과 면접관이 될 파트너, 매니저, 인사 담당자들과 저녁 식사를 했습니다.

인터뷰는 약 두 시간 정도 걸렸습니다. 30분 전에 면접장에 도착했는데, 여직원이 복도에 서 있다가 앉아서 기다리라고 하더군요. 자기 명함을 주면서, "미국에서 왜 경력을 쌓기를 바라는가? 경력을 쌓은 후 한국으로 돌아갈 계획인가?" 등을 물어봤는데, 지나고 나서 생각해보니 이 여직원도 인사 담당자라는 생각에 '대충 답변하면 안 되는 거였구나' 라는 생각이 들더군요.

인터뷰가 시작됐고 처음 한 시간은 매니저와 인터뷰를 했는데, 질문들은 '왜 우리 회사, 그리고 세무 부서에 지원했는지, 왜 이 학교를 선택했는지, 들은 과목들에 대한 간단한 브리핑, 친구들이 나의 성격에 대해 뭐라고 말할 것 같은지' 등이었습니다. 대부분 미리 준비했던 질문들이라 잘 넘어간 것 같은데, 마지막 질문은 성격적인 강점과 약점에 대해 이야기해보라는 질문을 돌려서 표현한 것 같습니다. 약간만 표현이 바뀌어도 답변하기가 어려워지고 당황하게 되더군요. 연습할 때 질문을 여러가지 표현으로 미리 만들어보면 도움이 될 것 같습니다.

질문이 끝난 후에는 이력서를 자세히 보더군요. 저는 이미 CPA 시험을 통과했는데, 이 부분에 관심이 갔나봅니다. "왜 중부에서 공부하는 학생이 서부에서 시험을 봤냐?"라고 묻더군요. "한국에 있을 때 준비했었고, 서부

어학연수, 가지마라

가 한국에서 지리적으로 가까워서"라고 답변했습니다. 고개를 끄덕이더니 그룹 간에 갈등이 생기면 어떻게 대처해나가는지, 의견이 남과 다를 때 어떻게 해결하는지 등을 물어보더군요.

인터뷰가 끝나갈 즈음, 묻지도 않았는데 자기와 회사에 대한 얘기를 해주더군요. 답변하느라 지친 상태였는데 많이 고마웠습니다. 왜 제조업 등 다른 회사들에 비해 회계법인이 더 좋고 왜 자기 회사가 좋은지, 그리고 어떤 일들을 배우는지 등을 설명해주더군요. '이 회사에 합격이 안 되더라도 다른 회사 지원할 때 답변으로 써먹으면 되겠다' 라는 생각이 들었습니다. 인터뷰가 끝난 후 질문 있으면 메일 보내겠다고 하면서 명함을 받아왔습니다.

나머지 한 시간은 회사의 파트너와 인터뷰를 했습니다. 저녁 먹을 때는 안 그랬는데 인터뷰에서는 엄격한 분위기로 흘러갔습니다. 회사의 인사 담당자가 자기한테 인터뷰 시 물어볼 질문들을 준비해줬는데, 자기가 궁금한 질문들을 마음대로 묻겠다고 하더군요. 지나고 나서 생각해보니까 긴장된 분위기를 만들고 어떻게 대처하는지를 시험하려는 의도 같았습니다.

특정한 질문을 할 줄 알았는데, 자기 소개를 하더니 자기가 한 것처럼 제 소개를 해보라고 했습니다. 이력서를 중심으로 소개를 했는데, 말하는 도중 흥미롭거나 미심쩍다고 생각되는 부분이 있다고 생각하면 질문을 하기도 했습니다. 나머지 30분 동안은 이력서에 없는 것 중에 말하고 싶은 걸 말해보라고 해서 동아리 활동 등 강점들을 어필하려고 노력했습니다. 그리고 자기한테 묻고 싶은 게 있냐는 말에, 미리 준비해놓았던 질문을 두세 개 정도 했습니다.

'무엇이 당신을 그 회사에 오래 근무하게 했는지 그리고 세무 부서에서 인정을 받는 사람들의 공통적인 특징이 있는지' 등이었습니다.

질문 후 "비즈니스에서는 커뮤니케이션과 대인관계 스킬이 중요하니 학교 다닐 때 열심히 준비하라"고 조언해주더군요. 시간을 내주어서 감사하다는 말과 함께 명함을 줄 것을 요청했습니다.

대체로 예상할 수 있는 질문들이었고 연습도 많이 했었지만, 실제로 해보니 연습 때와는 확실히 달랐습니다. 안 선생님을 유학 가기전에 찾아뵈었을 때 "가급적 많은 회사들과 인터뷰를 하면서 실력을 쌓아나가라"고 하신 말씀이 이제야 가슴에 와닿네요. 열심히 인터뷰 준비해서 다른 곳에서 오는 기회 놓치지 말고 확실히 잡아야겠다고 결심했습니다. Thank You Letter 잘 써서 보내야겠습니다. 조언 주신 대로 떨어지더라도 면접자들에게 계속 연락하겠습니다.

4) 자주 나오는 인터뷰 질문

아래는 주요 인터뷰 질문들을 Opening / Behavioral / Choice / Negative / Future의 다섯 가지 영역으로 나눈 것이다. 취업뿐만 아니라 비즈니스 스쿨 입학 시에도 비슷한 질문들이 나오니 이를 참고로 꾸준히 연습을 하면 좋은 결과를 얻는 데 보탬이 될 것이다.

어학연수, 가지마라

Opening Questions:

Tell me about yourself.

Walk me through your background (resume).

Behavioral Questions:

What are your strong points and weaknesses?

What is the definition of leadership?

Describe a difficult co-worker you had to deal with. What did you do?

What is the best thing you've ever done?

Tell me about your ability to work under pressure.

What have you learned from mistakes on the job?

What was the hardest decision you had to make in you career?

What motivates you to do your best on the job?

Choice Questions:

Why are you interested in this industry and this company?

Why are you leaving your current position?

List your key skills that are most relevant to this position.

Why do you think you would do well at this job?

Why do you want to work for this organization?

What experience do you have in this field?

제4장 이력서와 인터뷰는 이렇게 준비한다

Negative Questions:

What is your greatest weakness?

Tell me about a time you failed

You do not have any related experience so why should we hire you?

Future Questions:

How does this job fit in with your overall career goals?

Where do you see yourself in 10 years?

What do you really want to do in life?

어학연수, 가지마라

5

성공적인 커리어를 위해

경력이 쌓일수록 학력보다는 업무능력이 중요해지며 학력에서 밀린다고 해도 만회의 기회는 많다고 앞서 언급했다. 그렇다면 회사에서는 어떤 자질을 높이 평가할까? 그리고 학창시절 그것들을 어떻게 준비해야 할까? 무엇보다도, 겉으로는 드러나지 않지만 준비가 될 경우 직장에서 확실히 어필할 수 있는 부분을 공개한다.

1

명확한 비전을
세우자

커리어 관리와 관련, 자주 받는 질문 중 하나는 이직에 관한 것이다. 이직을 많이 하다 보면 자칫 습관이 되곤 한다. 인사 담당자들도 이 사실을 잘 알고 있기 때문에 이직이 잦은 사람은 면접 기회조차 얻지 못하는 경우도 있다. 실제로 경력 10년 정도에 총 이직 횟수가 두 번 이상인 사람은 추천하지 말라는 회사도 있다. 하지만, 수많은 이력서를 보면서 정답은 없다는 것을 느낀다. 주 5일 근무에 매일 두 장의 이력서를 본다고 지면 지금까지 본 이력서는 2,000장은 족히 될 텐데, 성공적인 커리어를 쌓은 사람들 중에는 이직이 잦은 사람들도 많다. 이들의 공통점은 어떤 조직에서든 성과를 낼 수 있는 능력을 가졌다는 것이다. 그리고 이런 사람들과 이야기를 나누다 보면 어렸을 때부터 확실한 비전을 가지고 커리어를 개발해왔다는 공통점이 발견된다.

대학생들이 유학이나 커리어 관련 상담을 하러 올 때마다, 자주 묻는 질문이 있다.

"인생의 비전이 무엇인가? 그리고 비전을 이루기 위해 어떻게 살 계획인가?"

취업을 위한 면접 시 자주 나오는 질문이기도 하고, 학교 지원 시 써야 하는 에세이에 포함되어야 하기 때문이기도 하지만, 무엇보다도 비전이 없는 상태에서 출발한 커리어는 항상 아쉬움과 후회가 뒤따르기 때문이다. 물론 비전은 스스로가 찾아야 하는 것이 맞지만, 한국의 젊은이들에게는 비전을 탐색할 수 있는 기회가 좀처럼 주어지지 않는다. 아무 생각 없이 학원에 끌려다니다 대학 입학과 동시에 학교 순위에 따라 인생이 상당 부분 결정난다고 생각한다. 학교에서 강의를 마치고 학생들과 졸업 후 커리어 상담을 해줄 때도 다음과 같은 이야기를 자주 듣는다.

"뭔가 하고 싶기는 한데 뭘 어떻게 해야할지 모르겠다."

얼마 전 모 일간지에 실린, 대학 졸업을 앞둔 자녀가 소위 '스펙'을 좋게 만든 후 좋은 직장에 입사하고 싶다며 부모에게 어학연수 비용을 요청했다는 기사를 접했다. '이 녀석도 이젠 가계에 보탬이 되겠구나'라는, 소박한 부모의 꿈이 한숨으로 바뀌는 순간이었을 것이다.

실제로 졸업반 학생들로부터 "취업과 유학 중 어떤 게 나을 것 같으

어학연수, 가지마라

세요?"라는 질문을 받을 때가 많은데 '얼마나 답답하면 자신에게 해야 할 질문을 남에게 물을까' 하는 생각이 든다. 사실 이 정도만 되어도 좋게 봐줄 수 있다. 그런데 "마케팅이나 회계 중 어느 쪽이 제 적성에 잘 맞을 것 같다고 생각하세요?"와 같은 질문을, '묻지마 유학'을 간 30대 중반의 학생으로부터 받을 때면 '어쩌다 한국이 이 지경이 되었나?'라는 생각이 들기까지 한다.

과감히 사표를 내고 유학 준비를 하는 이들이 상담을 요청하는 이유는 '그래도 유학 가기로 결심한게 잘한 것이다'라는 답변을 듣고 위안을 삼고 싶은 것이 아닌가 하는 생각이 들 때도 있다. 이런 이들에게 미안하긴 하지만 나는 '노'라고 답한다(나 자신도 목표가 명확하지 않은 상태에서 유학을 갔었고, 반성도 했다. 나와 만나는 분들은 시행착오를 겪지 않았으면 하는 바람에서 '노'라고 말하는 것이다). 커리어를 계발하기 위해 가는 유학인데, 커리어를 망칠 수도 있는 위험한 선택은 유독 한국에서 많이 일어난다. 왜 이런 일들이 생기고, 반복되는 것일까?

주변의 평가에 목매는 문화 때문이다. 부모건 자식이건, 거의 무조건적으로 유명 기업 취업을 원한다. 남이 좋다니까 가는 식이다. 영어는 한마디도 못하는 토익 점수 따기, 배우는 것 없이 학점 잘 주는 과목 수강으로 학점 잘 받기 등, 오직 취업만을 위한 스펙 만들기에 시간을 투자한다. 이 회사가 나에게 어떤 비전을 제시할 수 있을지에 대한 생각은 뒷전이다. 취직한 지 몇 년 지나서야 원하던 일이 아니었음을 느끼게 된다면 직장을 계속 다니는 게 맞는 건지에 대한 회의를 느

제5장 성공적인 커리어를 위해

끼기 시작한다. 그리고는 '탈출구'로 스펙을 높이기 위한 무엇인가를 다시금 찾기 시작한다. 어렸을 때부터 이런 식의 '탐색'이 몸에 배었으므로, 탈출구를 찾는 과정에서 오히려 희열을 느낄지도 모른다(유학 상담자들의 기대에 찬 눈빛을 보면서 드는 생각이다).

상담을 하다 보면, "입사 전 내가 어떤 일을 하길 원하는지 깊이 생각해본 적이 거의 없었다. 입사 후 한참 지나서야 내가 원하던 것들이 아니었다는 것을 뒤늦게 깨달았다"고 말하는 사람들이 많다. 한 번 잘못끼운 단추를 제대로 맞추기란 쉽지 않다. 특히 출신 학교나 이전 회사의 명성 위주로 채용하던 과거와는 달리, 경력자를 채용할때는 소위 '이그잭트 핏(exact fit)'을 찾는 경향이 점차 높아지면서 더더욱 어려워진다. 커리어 체인지를 위해 MBA 과정을 가기도 하지만 학위를 마친 후에도 여전히 방황하는 사람들을 많이 본다. 가끔 해외에서 공부하고 있는 MBA 재학생들로부터 전화나 메일을 받기도 한다. 졸업 후 어떤 직장을 가는 게 좋을지 모르겠다는 고민을 털어놓는데, 30대 중반의 경력자들이 물을 수준의 질문은 아니라는 생각이 들지만, 엄연한 현실이다. MBA를 마친 후 이직을 계속하는 분들과 마음을 터놓고 대화를 나누다보면, 연봉 상승에 대한 기대도 있지만 업무가 적성에 맞지 않는다는 이유로, 혹은 이전 직장과의 문화가 크게 달라 적응이 어려움을 이유로 계속 직장을 옮기는 사례가 적지 않다. 이력서는 지저분해진다. 심지어는 "차라리 한 회사를 꾸준히 다닐 걸 그랬다"고 이야기하는 사람들도 많다. 가급적이면 젊을 때 인생의 비전이

어학연수, 가지마라

무엇인지 스스로에게 물어보기 바란다. 절대 시간 낭비가 아니다.

　기준을 설정하는 것이 왜 중요한지를 예를 들어 설명하겠다. 나름 실력이 있다고 자신하는 대학생들이 선망하는 직장 중 하나는 투자 은행이나 전략 컨설팅 회사이다. 하지만 남들이 선망하는 직장에서 자신의 삶을 즐기지 못한다는 이유로 연봉이 크게 줄어드는 것을 감수하면서까지 편한 직장으로 이직하는 사례도 있다. 자신이 설정한 인생의 비전이 '직장 생활과 여가 생활의 균형'에 초점을 맞추고 있다면, 아무리 좋은 회사도 더 이상 매력적인 직장이 아닐 것이다.

　"비전을 만드는 방법은 어떤 것들이 있을까요?"라는 질문을 많이 받는데, 여러 가지 방법이 있겠지만 일단 자신에게 가치가 있거나 의미가 있다고 생각되는 원칙이나 기준을 정해보자. 기준은 돈, 명예 따위일 수도 있지만, 여유로운 시간을 가지는 것일 수도 있다. 그래도 정하기가 어렵다면, 자신의 롤 모델을 찾아보자. 매스컴에 나오는 유명인사도 좋고, 부모님도 좋고, 학교 선배도 좋다. 그리고 그 롤 모델이 인생에서 가장 중요하게 생각하는 가치가 무엇이고, 그것을 이루기 위해 어떤 경험을 쌓고 어떤 노력을 해왔는지, 혹은 어떤 시련을 겪었는지를 찾아보는 데 시간을 투자해라. 자료를 찾아봐도 좋고, 직접 만나는 게 가능하다면 만나서 물어보기도 하자. 이러한 과정을 거치면서 나의 기준에 맞는 커리어를 찾아나가거나, 맞지 않는 커리어를 조금씩 지워나가는 것이다.

　하나 더 강조하고 싶은 것은, 비전을 찾는 과정은 '행동'을 통한 학습이 수반되어야 한다는 것이다. 강의 시간에 학생들에게 어떤 일을 하고 싶냐고 물으면 나름 생각하는 진로들이 있기는 한데, 나는 반드시 학생들의 생각들이 단순히 흥미에서 비롯된 관심인지, 아니면 경험을 통해 얻어진 것인지를 확인하는 작업을 한다. 예를 들어 광고기획사에서 일하고 싶다는 학생에게는 다음과 같이 묻는다.

"광고기획사에서 구체적으로 어떤 일들을 하는지 조사해봤니?"

"AE들과 너의 라이프 스타일이 맞는 것 같아?"

"그분들이 자신의 직업에 대해 어떻게 생각하는지 만나서 이야기해봤니?"

단순히 호기심을 가지는 것과 '행동'으로 옮기는 것은 결과에 있어 큰 차이가 있다.

행동이 왜 중요한지에 대한 예를 하나 들어보겠다. 예전에 마케팅 매니저로 근무하던 시절, 대학생 연합 광고동아리에 광고 용역을 준 적이 있었는데, 동아리 멤버들은 대학 입학 직후 활동이 활발한 광고 동아리에 대한 정보를 적극적으로 찾는 '행동'을 통해 다양한 경험을 할 수 있는 기회를 찾았다는 공통점이 있었다. 동아리가 유명해지다 보니 광고기획사 인턴 기회도 많아지고, 광고인들의 업무 환경이나 생활을 직접 보면서 '이 직업이 나에게 맞는가'를 판단하는 데도 도움이 되었을 것이다.

대학마다 주식, 마케팅, 광고 등 다양한 학술 동아리들이 있다. 관심이 가는 분야의 동아리에 가입해서 열심히 활동을 하다 보면 기업에서 어떤 일을 하는지를 간접적으로 체험할 수 있다. 어떤 학생은 "주식동아리에 가입했었는데, 만날 술만 마시고 놀아서 하나도 배운 게 없었어요!"라고 푸념하기도 하는데, 솔직히 "나는 이것밖에 안 돼요"라는 말과 다를 게 없다. 주요 멤버가 되어서 동아리를 활성화시켰다면 예상치 못했던 기회를 가질 수도 있기 때문이다. 예를 들어 증권사에서 일하는 동아리 출신 선배들을 초청하는 자리를 마련한다면 (미국 대학에서는 'guest speaker series'라고 하며, 학교와 동문 네트워크를 통해 활성화 되어 있다) 의미 있는 정보들을 효과적으로 얻을 수 있다. 선배들은 후배들이 시행착오를 최소화하길 바라므로, 학창 시절을 어떻게 보내야 할지에 대한 이야기를 들려주기 때문이다. 때로는 직장에서의 어려움 등 보이지 않는 부분에 대한 솔직한 이야기를 들을 수도 있다.

사실, 직장 생활을 하다보면 정말 매력적인 직업은 다른 곳에 있음을 깨닫게 되는 경우도 많다. 사람들은 전략이나 기획, 마케팅 등 뭔가 멋져 보이는 업무를 맡지 않으면 남들에게 뒤처지는 것 같다는 생각을 하는 경향이 있다. 예전에 대기업에 근무할 때도 세일즈로 발령이 나는 마케터들은 자신이 밀려났다고 생각하는 경우가 많았다. 반대로 영업사원들이 마케팅 부서로 이동하길 원했다. 현장에서 일하는 것은 아무래도 고달프게 느껴지기 때문에, 그리고 마케팅이 뭔가 멋진 일을 하는 것처럼 보여서 그랬던 것 같다. 하지만 퇴직 후에 직장에서 갈고 닦은 지식과 기술을 어디에 써먹을 수 있는가 하는, 좀더 장기적인 관점에서 생각해보면, 회사 다닐 때는 남들이 부러워하는 포지션이 그다지 매력적인 업무가 아니었음을 깨달을 수도 있다. 반대로 별것 아닌 것 같던 포지션이 사실은 향후 더 많은 기회를 주는 포지션일 수도 있다. 예를 들어, 모 외식업체의 프랜차이즈 부서에서는 매장의 위치를 조사하는 팀이 가장 인기가 많다. 신규 매장 오픈 시 수익성이 높은 지역이 어딘지를 연구하는 게 일이기 때문이다. 실제로 한 직원이 퇴사를 하면서 조사된 지역 중 높은 수익이 날 것으로 예상되는 지역에 매장을 오픈했는데, 장사가 대박이 나서 몇 년 후 건물 전체를 산 경우도 있다.

어떤 산업군에 속해 있느냐에 따라서도 직무별 매력도가 다르게 느껴질 수 있다. 예를 들어 증권사의 경우 애널리스트나 펀드매니저와 같은 스페셜리스트들은 실적이 시장에서 자연스럽게 평가가 되고, 조건이 좋으면 알아서 이직을 한다. 결국 증권사와 같은 직장에서는 채용이나 교육을 담당하는 인사 담당자의 역할이 줄어들 수도 있다. 마케팅 직군도 마찬가지일 것이다. 따라서 같은 직무라고 해도 해당 산업군에서 얼마나 중요하게 생각할지를 염두에 둬야 한다.

결국, 다양한 업계에서 일하고 있는 선배들을 만나보는 것은 자신의 커리어 패스를 설정하는 데 많은 도움이 될 것이다. 점점 은퇴 시기가 빨라지고 젊은 사람일수록 자기 사업에 대한 욕구가 강해지고 있는 요즘, 이런 생각이 더욱 강하게 든다.

기업의 공모전에 참여하는 것도 좋다. 공모전에 입상을 하면 취업

어학연수, 가지마라

에 유리할 수도 있지만 더 중요한 것은 기업의 담당자들과 접함으로써 그들이 어떤 인재상을 원하는지, 그리고 회사의 업무 환경이 어떤지도 파악할 수 있기 때문이다. 학교에서 기회를 가지기가 어렵다면, 직장인들이 공부하는 모임 등에 가입해보기 바란다. 포털을 조금만 뒤져보면 전략, 마케팅, 재무 등 많은 모임을 찾을 수 있을 것이다. 생각 이상으로 열심히 활동하는 직장인들이 많을 것이다. 인맥 형성에 도움이 될 뿐만 아니라, 치열하게 사는 직장인들의 모습에 자극도 받을 것이다. 지금이라도 행동을 통해 자신의 앞날을 개척하겠다는 자세를 가지기 바란다.

하나 더, 실제 취업에 있어 학점이 생각보다 중요하지는 않다. 취업이 어려워지다 보니 학생들 사이에서는 학점 경쟁이 치열하다. 나도 학생들에게 학점을 잘 주려고 노력하는 편이다. 하지만 학점을 3.8 정도 받으면 만점을 받는 지원자와 크게 차이가 없다(물론 3.8이 받기 쉬운 학점은 아니다). 대학마다 후하게 학점을 주면서 변별력이 떨어지는 것도 원인이겠지만, 학교에서 배운 것들이 현장에서 써먹을 만한 것이 별로 없기 때문이기도 하다. 만약 인사 담당자가 '학점을 조금이라도 잘 받은 지원자가 일을 더 잘할 것이다'라고 생각해주길 바란다면, 면접 상황이라고 가정하고 아래와 같은 질문에 답변을 잘할 수 있는지 테스트해보자.

"당신의 우수한 학점이 회사에서도 우수한 실적을 내는 데 어떻게 도움을 줄 것이라고 생각하십니까?"

　　물론 학생의 본분은 열심히 공부하는 것이지만, 한쪽에만 치우치는 것이 바람직하지 않다는 의미로 받아들이면 될 것이다. 창의성을 중시하는 회사들은 학부 때 다양한 경험을 가진 지원자들을 선호하고 있다는 점을 잊지 말길 바란다.

어학연수, 가지마라

2

잘할 수 있는 것에 집중해라

요즘 최고경영자들을 만나보면 의사결정 시 가장 중요한 것 중 하나는 '숫자'라고 한다. 글로벌 기업은 물론이고, 국내 기업들도 외국계 기업에서 경력을 쌓은 이들이 스카우트 되면서 의미 있는 숫자가 들어간 자료를 제출할 것을 요구한다. 현재 증권사에서 일하고 있는 한 지인은 미국의 대학원에서 통계학 석사를 취득한 후 외국계 은행 및 증권사에서 채권 운용 업무를 전담한, 업계에서는 잔뼈가 굵은 전문가이다. 그는 기업 채용 담당자들이 통계학 전공자도 경영학과 비슷하다고 인식하는 경향이 있으며, 숫자에 강한 사람들을 선호하기 때문에 통계를 전공한 것이 취업에 많은 도움이 되었다고 한다. 여러분이 잘 알고 있는 증권회사의 트레이더들만 해도 수리적 능력(quan-titative skill)이 뛰어난 사람일수록 유리하다고 말한다.

이와 같이 수리적인 면에 강한 사람은 지역, 직군을 막론하고 커리어 개발에 유리하며, 앞으로 이런 추세는 계속될 것이다. 최고경영자를 꿈꾼다면, 최소한 통계학·거시경제학·중급회계 등에 대한 지식은 기본적으로 갖추고 엑셀을 비롯, SPSS나 SAS 등의 통계 프로그램을 공부하자.

그렇다면, 숫자에 약한 사람은 기회가 없을까? 그렇지 않다. 예를 들어 자신이 사람들과의 융화에 강점이 있다면, 세일즈 등의 직군에서 자신의 역량을 발휘하면 된다. 어떤 산업군이든 세일즈는 실적으로 말한다. 예를 들어 투자은행에서도 브로커라는 직업은 주식, 회사채, 선물 옵션 등의 상품을 얼마나 잘 파느냐가 중요하다. 매수자와 매도자 사이의 중간다리 역할을 하는 브로커는 능력이 된다면 학벌이 중요하지 않다(물론 새로운 시장 변화를 고객의 상황에 맞춰 신속하게 전달하는 능력이 필요하는 능력이 필요한만큼, 경제적인 지식이 많이 요구되기는 한다). 컨설팅 회사, 회계법인 혹은 투자은행과 같은 회사들을 다니면 매일 전략만 짜고, 재무분석만 한다고 생각하는 학생들도 많은데, 임원이 되는 순간 대개는 '영업 능력'이 성과평가를 위한 주요 기준 중 하나가 될 것이다. 매니저가 되면 조직을 관리해야 하는데, 조직 관리는 인적 요소가 많이 작용하므로 함부로 외부에서 뽑아오기가 쉽지 않다. 다시 말해서, 웬만큼만 따라가면 오래 버틸 수 있는 직

어학연수, 가지마라

종이 영업이기도 하다. 실제로 영업부서의 관리자들은 경력 연수가 회사 연혁만큼이나 오래된 사람들도 많다. 강한 영업력은 영업사원들의 충성심, 결속력 등에서 비롯되는 만큼, 강력한 리더십과 팀워크가 강한 사람이라면 도전해볼 만한 가치가 있다. 예전에 근무했던 회사에서도 고졸이지만 중역만 15년 넘게 지낸 분도 있었고, 지점장급에서도 잘나가는 분들도 많았다. 모두가 전략가일 필요도 없고, 모두가 재무 스킬에 뛰어날 필요도 없다.

남 앞에 나서는 것에 대해 강점이 있다면, 프레젠테이션 스킬을 늘리자. 요즘은 대리급만 되어도 회의 시 프레젠테이션을 하는 사례가 늘고 있다. 마케팅팀 같은 경우는 사원급도 중역회의에서 프레젠테이션을 하는 경우가 종종 있다. 프레젠테이션 도중 얼마나 핵심을 잘 전달하냐가 같은 내용이라도 더 좋아 보이게 만드느냐, 그렇지 못하느냐를 좌우한다고 봐도 과언이 아닐 정도로 프레젠테이션 스킬은 중요하다. 약간 과장된 표현으로 '발표 능력 하나로 중역이 된 사람'도 있다는 사실을 잊지 말자.

자신이 잘할 수 있는 것에 집중한다는 것은 전문성을 갖추라는 의미와 같다. 작년 여름, 모 그룹사에서 퇴직 대상 관리자급 직원들의 이직을 도와주는 서비스를 제의했었는데, 나는 그 제의를 완곡히 거절했다. 직원들의 이력서 몇 장을 받아보았는데, 그다지 어필할 만한 것들이 보이지 않는다는 것이 거절을 한 이유였다. 과거에는 외국계 회사들이 실적에 비중을 상대적으로 많이 두는 분위기였지만, 이제는 국내 기업들도 경력직 채용 시 학벌이나 회사의 명성보다는 어떤 일을 했고, 어떤 실적을 어떻게 낼 수 있느냐에 비중을 둔다. 특정 분야에 대해 확실한 전문성을 갖춘 사람을 선호한다는 의미이다. 과거에 일했던 대기업에서도 동기들보다 일찍 승진한 후배 직원들이 있는데, 자신이 맡은 업무에서 우수한 실적을 낸 점이 인정을 받았지, 결코 명문대 출신이 아니었다. 국내 대기업의 채용 방식에서도 이런 변화는 감지된다. '선 채용 후 배치' 방식의 공채 스타일에서 벗어나, 신입사원 채용 시에도 외국계 기업과 같이 상황에 따라 필요한 인력을 뽑는 회사들이 늘고 있다. 즉 면밀한 이력서 검토, 심층 인터뷰, 인성검사를 강화하고 있다. 내가 겸임교수로 나가는 대학이 손에 꼽히는 명문대는 아니지만 항상 자신감을 가지라고 학생들에게 이야기할 수 있는 것도 채용 트렌드의 변화를 감지했기 때문이다.

전문성을 갖추기 위해서는 외국계 기업을 노려보는 것도 좋다. 외국계 기업의 경우는 국내 대기업보다 세분화된 직군을 가지고 있는 경우가 많기 때문에, 과거에는 듣도 보도 못한 포지션에 대한 후보자 서치를 의뢰 받는 경우가 종종 있다. 경제 규모는 커졌지만 서비스 산업으로 넘어가는 단계에서 아직까지는 성숙하지 못한 한국 경제 구조에서 비롯되는 자연스러운 현상일 것이다. 취업이 어렵다고 하지만, 한국 경제 구조의 변화에서 오는 과도기적인 현상을 감안할 때, 젊었을 때 조금만 더 노력해서 전문성을 확보한다면, 시장에서 고급인력으로 인정 받을 수 있는 기회가 널려 있다고 확신한다. 전 장에

어학연수, 가지마라

소개된 이력서, 인터뷰 준비에 충실하면 외국계 기업은 충분히 뚫을 수 있다.

작년 여름, 평소 친분이 있던 중역을 찾아뵌 적이 있었다. 담당 사업부는 해외의 유명 매거진을 출간하는 곳인데, 일정 부분의 콘텐츠는 국내의 에디터들에 의해 구성이 된다. 직원들은 상사로부터 직접적인 지시를 받지 않고 일하지만, 자신이 무엇을 해야 하는지를 잘 알고 있다. 특정 분야에 '미친' 사람들이 모인 조직인 셈이다. 예를 들어 어떤 직원은 어릴 적부터 바지에 깊은 관심을 가지고 있었고 바지의 디자인이나 유행에 업무 시간의 대부분을 투자한다. 어떤 직원은 새로운 아이디어를 찾아 휴직과 복귀를 반복한다. 시간이 지날수록 취재하는 기사들이 유행을 선도할 수 있을 정도의 영향력이 생기는 것뿐만 아니라, 남들로부터 전문성을 인정받게 될 것이고, 자신의 가치도 자연스럽게 올라가게 된다. 확실한 나만의 장점을 발견한다면, 그리고 끊임없이 계발한다면 최후의 승자가 될 수 있다. 덧붙이자면, 전문성을 요하는 직업일수록 피고용자, 즉 남의 눈치를 봐야하는 신세에서 벗어날 가능성이 높다.

자격증과
유학에 관한 조언

자격증이나 유학은 경력 관리뿐만 아니라 새로운 기회를 잡을 수도 있다는 점에서 투자할 만한 가치는 있다. 하지만 '○○ 학위나 자격증은 성공을 위한 보증수표다' 라는 식의 기사들을 접한다면 홍보용 기사라고 생각해도 된다. 직장인들이 가장 선호하는 학위는 MBA일 것이다. 하지만 지원자들의 장밋빛 기대와는 달리, 학위 취득 이후의 커리어가 별반 나아지지 않는 경우도 많다. 요즘 같은 불경기에는 대기업 입사에 어려움을 겪는 유학생도 적지 않다. 특히 국내 대기업들은 로컬 단위에서 보면 조직 내에 나름 내공이 강한 사람들이 많기 때문에, 졸업장이 기대했던 만큼의 효력을 발휘하기는 쉽지 않을 것이다.

실제로 작년과 금년 MBA 졸업자들의 연봉이나 직급 수준을 보면 기대보다 한참 못 미친 직군도 많고, 과거보다 연봉을 적게 받는 사례도 있다. 따라서 유학을 결정하기에 앞서 현업에서 자신이 가진 한계나 가능성에 대해 냉정하게 진단하고, 유학 이후 현재까지의 경력을 더욱 튼실하게 만들 수 있는 커리어는 어떤 것들이 있는지, 혹은 어느 정도 수준의 회사 혹은 직무로의 진입이 가능할지를 사전에 최대한 많이 조사해야 한다.

작년 가을 미국으로 유학을 간 학생이 전해준 이야기를 소개하겠다. 국내 증권사에서 채용을 하러 왔는데, 인터뷰 후 개인적인 자리에서 아래와 같은 이야기를 들었다고 한다.

"통계 석사 등 확실하게 전문성이 있는 학문을 공부한 사람의 채용을 늘릴 것 같다. 과거의 커리어가 금융과 관련이 있었던 사람들을 제외하고는 MBA 졸업자든 석사 갓 졸업한 사람이든 채용한 이후 트레이닝을 시키는 건 마찬가지인데, 나이 많고 인건비도 높은 MBA에 대한 선호도가 그다지 높지 않다." 물론 모두에게 해당되는 이야기는 아니다. 커리어 체인지에 성공하는 사람도 있다. 하지만 MBA 졸업자 중 '잘나가는' 사람들의 이력서를 보면 유학 전부터 상당한 내공을 쌓아온 사람이 대부분이다. 커리어 체인지를 원하는 경우, 유학 등의 대안보다는 오히려 자신의 핵심 역량을 이용, 아래의 사례와 같이 인더스트리 체인지를 통해 원하는 직무로 서서히 진입하는 방법이 더 나을 수도 있다.

제5장 성공적인 커리어를 위해

작년 겨울, 외국계 소비재 회사로부터 브랜드 매니저를 찾아달라는 의뢰를 받았다. 공고를 내자마자 이력서를 한 장 받았는데, 부동산 개발 컨설팅을 하는 사람이었다. 학벌도 좋고 경력도 훌륭했지만, 당연히 브랜드 매니저 포지션에는 자격요건 미달이었다. 고민 끝에 추천한 곳은 메이저 호텔의 전략 부서였다. 부동산 개발 경험이 있는 전략 담당자를 찾고 있었기 때문이다. 호텔 산업은 식음료나 외식 사업과 연관성이 있고, 따라서 능력을 인정 받으면 식음료 사업 전략으로 돌릴 수 있을 것이라는 생각이 들었다. 당장의 커리어 체인지가 어렵다면, 자신이 가진 핵심 역량을 활용하여 연관된 인더스트리로 진입해 관심 있는 커리어로 서서히 접근해나가는 것도 좋은 방법일 것이다.

디자인 백그라운드를 활용, 브랜드 분야로 영역을 넓힌 사례도 있다. 크롭마크의 정안석 대표는 학부에서 그래픽 디자인을 전공했고, 브랜드 마케팅 에이전시에서 브랜드 아이덴티티 디자인을 중심으로 커리어를 쌓아왔다. 정대표는 마케팅에 관심이 많았고, 결국 크롭마크라는 회사를 창업, 브랜드 아이덴티티 디자인과 컨설팅 업무를 병행하고 있다. 정대표의 디자인 백그라운드는 중외제약 친환경 브랜드 개발 프로젝트를 따내는 결과로 이어졌다. 지구 온난화라는 심각한 아젠다가 기업의 미래에 깊은 영향을 미치고 있는데 이러한 일련의 변화를 잘 이해하여 중외제약의 환경 마케팅을 강조하는 것에 중점을 두고 프로젝트를 수행하여 좋은 반응을 얻었다. 정대표가 생각보다 쉽게 마케팅 분야에서 실적을 내게 된 가장 중요한 이유는, 사업을 구

어학연수, 가지마라

상하면서 데이비드 아커와 같은 고전적인 개념의 브랜드 마케팅부터 현재의 이르는 마케팅 트렌드까지, 다양한 자료를 통하여 브랜드 마케팅에 대한 이해를 높이는 데 집중하였으며 관련된 분야의 전문가들과 지속적으로 교제를 해왔기 때문이다.

이번에는 자격증에 대한 이야기를 해보겠다. 구슬이 서말이라도 꿰어야 보배이듯, 자신의 커리어와 연관성이 떨어지는 자격증 공부는 시간 낭비일 것이다. 어필하기에는 부족한 자격증을 많이 나열한 이력서는 '시간 투자 대비 효과'라는 측면에서 이를 보는 사람이 부정적으로 느낄 수 있다는 사실을 유념하기 바란다. 정말 심각한 문제는 직장을 그만 두고 유학 시험이나 자격증을 준비하는 것이다. 작년 가을, 외국계 제약사에서 회계 매니저로 일할 후보자를 찾아달라는 의뢰를 받아 후보자들을 추천했는데, 이 중 세 명의 후보자는 두 가지 공통점을 가지고 있었다. 하나는 퇴직 후 1년 간 AICPA를 공부했다는 점, 다른 하나는 세 명 모두 인터뷰 기회를 가지지 못했다는 점이다. 나이가 많아질수록 공백 기간은 경력 개발에 있어 치명적인 약점이 된다. 계속 강조하지만, 공백이 있어도 문제가 없다고 생각할 정도로 경력에 자신이 있는 분을 제외하고는, 자격증이든 유학이든 직장을 다니면서 준비할 것을 강력하게 권한다.

"회사 퇴직 후 유학 (혹은 자격증) 준비를 하면서, 잠시라도 인생에서 여유를 찾을 수 있었고, 인생에 대해 다시 한번 생각해볼 수 있는 기회가 되었다"는 사람도 있는데, 어느 정도는 이해가 가는 부분이긴

제5장 성공적인 커리어를 위해

하다. 다만, 재산이 아주 많은 경우라면 말이다. 유학 시절의 추억을 간직하기는커녕 졸업 후 대출 갚느라 헉헉대면서 후회하는 사람들도 꽤 된다.

작년 초, 지원 시기가 거의 끝나갈 무렵, MBA 지원자로부터 이메일 한 통을 받았다. 2년 전에 대기업을 그만두고 MBA 준비를 했고, 준비한 지 1년 반 만에 겨우 GMAT 점수 700을 넘겼다고 한다. 불행히도 톱 스쿨에서 모두 고배를 마셨고, 금년에 재지원했는데 또 모두 낙방이었다고 한다. 어떻게 해야 할지를 묻는 메일이었다. 나이는 이미 30대 중반이었다. 안쓰럽지만, 별로 답해줄 게 없는 질문이었다.

"직장 그만둬도 절대 후회 안 해요"라고 확신에 가득찬 어조로 말하던 사람들이 "그때 그만두지 말 걸, 잘못한 것 같아요"라고 말을 바꾼다. 상담 시 "가급적 직장은 관두지 말고 준비해보세요"라는 조언을 흘려듣는 사람도 많은데, 가끔은 이렇게 되묻곤 한다.

"커리어를 좋게 만들기 위해 간다면서, 커리어를 망칠 수도 있는 선택을 하는 게 맞는 겁니까?"

'남들 하니까 나도 한다'는 식으로 직장 그만 두고 시험을 준비하는 사람들, 이 책을 읽은 후엔 신중하게 결정하리라고 믿는다.

분야별로 경력 계발에 유용한 자격증들을 소개하면 다음과 같다. 다시 한번 언급하지만, 똑똑한 자격증 하나가 엄한 자격증 여러 개보다 낫다.

[표19] 경력 계발에 유용한 자격증

재무, 회계, 금융	CPA, CFA, Excel, 관련 자격증
은행, 보험	CFP, FRM, 보험계리사, SOA
구매, Supply Chian Management	CPIM, CPM, SAP 등의 ERP
마케팅	SPSS / SAS (통계 패키지)

4

자발적인 태도, 생각하는 습관
그리고 절실함

학원들을 가보면, 온라인 강의인데도 큰 강의실에 수백명의 수강생들이 모여서 듣는 광경을 볼 수 있다. 혼자서 온라인을 통해 공부하면 집중이 되지 않아 학원에서 공간을 마련해준 것이다. 어릴 때부터 의존적인 학습을 하는 환경에서 자라왔으니 당연한 일일 수 있지만, 직장 생활은 스스로 깨우치면서 성장해야 한다는 데 문제가 있다. 회사에서 부하 직원들에게 일을 맡겨보면 자립심을 가지고 자랐는지, 아니면 온실의 화초처럼 자랐는지를 쉽게 알 수 있다. 예를 들어 신입사원에게 새로운 거래처를 뚫어보라는 지시를 내렸다고 하자. 자신이 아는 인맥을 동원하든 거래처에 가서 애걸복걸을 하든 다양한 시도를

어학연수, 가지마라

해보는 직원이 있는 반면, 어쩔 줄을 몰라 먼 산만 바라보는 직원이 있다. 회사 내에서 인정을 받을 직원이 누구일지는 쉽게 짐작이 갈 것이다.

경력자들도 크게 다를 것이 없다. 모 대형 교육업체에서 취업 특강을 진행한 적이 있는데, 강의 중 질문을 하라고 해도 안 하던 사람들이 강의가 끝난 후에야 개별적으로 질문을 하기 시작했다. 강의 중 질문을 했다면 서로에게 도움이 될 수 있는 내용들이었을 텐데 말이다.

수동적인 환경에 익숙한 사람들이 갑자기 적극적으로 바뀌기는 힘들다. 내가 운영하는 카페에 모 대기업에서 해외 지사에 파견할 회계 및 기획 담당자를 채용한다는 공고를 올린 적이 있었는데, 채용 담당 인사과 직원의 이메일도 같이 올렸다. 며칠 후 몇 사람이 이메일을 보냈는데, 비슷한 질문들이었다.

"해외 지역은 영어를 잘해야 된다고 하는데, 과연 제가 지원이 가능할까요?"

인사 담당자에게 문의해야 하는 걸 왜 나한테 묻는 것일까?

얼마전 마켓 리서치를 전문으로 하는 회사의 지인으로부터 인턴을 채용하는데 학생들을 소개해달라는 의뢰를 받았다. 커미션을 받지는 못하는 일이었지만, 학생들에게 도움이 될 것이라는 생각에서 공지를 했다. 그런데, 지원 의사가 있다는 학생들이 이런 질문을 했다.

"제가 그 일을 하면 제 커리어 계발에 어떻게 도움이 될까요?"

조언을 해줄 수도 있었지만, 일부러 답변을 하지 않았다. 자신이 답을 찾아야 하기 때문이다. 그 학생의 인생을 내가 대신할 수는 없기 때문이다. "당연한 얘기지"라고 하면서 웃으며 넘길 수도 있겠지만, 졸업을 몇 달 앞둔 예비역 학생의 질문이었다. 이런 학생들, 생각보다 많다. 정말 궁금하시면 내가 운영하는 카페에 들어와서 질문들을 검색해보기 바란다. 생각을 하는 습관을 가진 사람과 그렇지 않은 사람의 차이는 나중에 크게 나타나게 되어 있다.

가끔 자조적인 글도 올라온다.

"유학은 가고 싶은데, 돈은 없고, 전공은 마음에 안 들고, 대책이 없어요."

물론, 주어진 환경이 개인이 인생에 주는 영향은 크다. 먼저, 주어진 환경이 얼마나 큰 영향을 미치는지부터 허심탄회하게 이야기하겠다. 작년 여름, 미국에서 학부를 다닌다는 두 명의 학생이 진로 상담을 하기 위해 찾아왔다. 사실 재학 중인 학교가 그다지 명성이 있는 학교는 아니었는데, 두 명 모두 그해 여름 국내 유명 회사에서 인턴을 마쳤다는 공통점이 있었다. 짐작했던 것처럼, 인턴십은 혼자의 힘으로 잡은 것이 아니었다. 요즘은 직장도 세습한다는 말이 있다. 예를 들면 임원 출신이나 주요 거래처 자녀들에게 입사 시 우대를 해주기도 한다. 실제로 "외국계 투자은행 중 어디 어디는 집안이 좋으면 입사에 훨씬 유리하다"라는 말이 들리기도 한다.

대단한 비밀을 폭로하는 것은 아닐 것이다. 대학생만 되어도 이런 이야기를 듣지 못한 사람은 없을 테니 말이다. 아무튼 현실적으로 구

어학연수, 가지마라

직자들 사이의 실제 취업 경쟁률은 훨씬 높을 것이다. 하지만 자신의 환경이 어렵다고 해서 포기하는 것은 어리석은 짓이다. 남다른 노력을 지속하면 배경은 어느 정도 극복할 수 있다. 상담을 했던 사람들 중 학벌이나 배경이 좋지 않음에도 불구하고 성공적인 커리어를 쌓아나간 사례 하나를 소개한다.

대한민국 남단의 외딴 섬에서 태어났다. '과연 그 섬이 대한민국 지도상에 있는 것이 맞나'하는 생각이 들 정도의, 통통배로 몇 시간을 가야 도착할 수 있는 곳이었다. 생활고를 극복하기 위해 고등학교 졸업 직후 일을 시작했다. 어렵게 사시는 부모님의 생활고에 보탬이 되는 것만으로도 충분히 만족했던 시기였다.

하지만 일을 시작한 지 얼마 후, 병을 얻어 입원해야 했고, 몇 차례의 큰 수술을 받아야 했다. 젊은 나이에 병상에 누워 시간을 허송세월하며, 머릿속에 떠오른 생각은 '공부를 하자'는 것이었다. 병상에 누워있는 동안 대학 입시를 준비했고, 수차례의 도전 끝에 국립대에 합격했다. 집안 형편상 등록금이 비싼 사립대는 엄두도 내지 못했다. 이를 악물고 공부해 장학금도 받았다. 우수한 성적으로 졸업을 했고, 괜찮은 회사에 입사할 수 있었다.

입사 후 처음에는 한직으로 출발했지만, 퇴근 후 학원을 다니는 등 노력을 게을리하지 않았다. 결국 회사의 핵심 부서로 발령을 받았고, 재무부서의 팀장이 되었다.

제5장 성공적인 커리어를 위해

이력서를 보면 퇴근 후의 공부량이 눈에 확 띌 정도였다. 인터뷰 도중 마지막으로 들은 이야기를 추가하겠다.

내 눈앞에는 항상 낭떠러지만 보였다. 병원 빚도 갚아야 했고, 가족들도 보살펴야 했다. 남들과의 경쟁에서 이겨야 한다는 생각이 절실했던만큼 더 열심히 노력했고, 노력한 만큼은 얻은 것 같다.

우리는 어릴 때부터 위인전 등으로부터 교훈들을 수도 없이 접한다. 고생스럽더라도 역경을 딛고 성공한 사람들이 남긴 교훈이다. 실패를 두려워하지 말자.

'나는 학벌이 안 좋아서 안 돼' '나는 영어를 못해서 해외 취업이 안돼'와 같은 부정적인 생각들로 인해, 여러분은 스스로가 자신이 가진 잠재력을 묶어놓기도 하고 죽여버리기도 한다. 그 이상의 무엇인가를 얻고 싶다면, 범위를 한정짓지 말고 실패에 대한 두려움도 극복해야 한다. 작년 여름 지인의 소개로 홍콩에서 사업을 하는 사람을 만났다. 나이는 나와 동갑이었다. 그는 지방대학 졸업 후 중소기업에 입사, 중국에서 거주하며 인맥을 쌓아왔다. 몇 년 후 홍콩에서 사업을 시작하면서 실패하기도 하고, 배신도 당해보면서 밑바닥부터 치고 올라왔고, 요즘은 대기업들의 중국 진출을 도와주고 있다. 왜 명문대 출신의 대기업 '인재'들이 이 사람에게 도움을 요청하고, 제공받는 서비스에 많은 돈을 지불하는 것인지 잘 생각해보기 바란다.

어학연수, 가지마라

유학 상담 시에도 돈이 없어서 못간다는 이유로 좌절하는 사람들을 종종 보는데, 성적 우수자는 입학 시 학교에서 전체 학비에서 일정 부분을 차감 받는 방식으로 장학금을 받을 수 있는 길이 있으며, 리서치 어시스턴트(research assistant)로 일하거나 티칭 어시스턴트(teaching assistant)로 일할 경우에도 학비 면제등의 혜택이 있다. 특히 리서치 어시스턴트 등의 장학금 혜택을 받으면 배우자도 학비를 적게 내는 혜택을 주는 학교도 있다. 이뿐이 아니다. 각국의 정부, 단체, 기업 등에서 성적이 우수한 유학 지원자들을 대상으로 다양한 장학금 혜택을 제공한다. 한국에서는 로타리재단, 국제교육진흥원, 국립교육평가원, 삼성문화재단, 관정이종환교육재단, 한국고등교육재단, 한국과학재단, 태광그룹 일주학술문화재단, 미래에셋, 케임브리지문화재단 등에서 유학생들에게 장학금 기회를 제공하며, 실제로 상담을 했던 유학생 중 한미 교육 위원단에서 제공하는 풀브라이트 장학금을 받은 사례가 몇 건 있었다. 이외에도 영국 외무성 장학금, 일본정부 장학금, 프랑스정부 장학금, 독일학술교류처 장학금, 호주 멜버른 인터내셔널 장학금, 스위스 정부 장학금 등 정부 차원 뿐만 아니라, 기업이나 재단 등에서 다양한 장학 혜택을 제공하고 있다. 혜택을 받기 위한 조건 등 자세한 정보는 각국 문화원이나 대사관에 문의하면 된다.

생활비를 절약할 수 있는 방법도 많다. 간단한 내용이지만, 최소한 몇천 달러를 아낄 수 있는 정보들이니 잘 기억해놓았다가 실천에 옮

제5장 성공적인 커리어를 위해

기기 바란다.

외국 학교는 대개 교과서 값이 많이 비싸므로, 합격 통지를 받은 직후 학교에서 쓰는 교과서에 대한 정보를 알아보도록 하자. 그 정보를 바탕으로 국내 대형 서점에 같은 책이 있는지를 조사해보면 훨씬 싸게 살 수 있는 경우가 있다. 재학생 선배들에게 문의해서 구입하지 않아도 되는 책이 무엇인지를 알아내거나, 그들로부터 중고책을 직접 구입하는 것도 좋은 방법이다. 이 정도 정보만 알아도 벌써 수백 달러는 아낀 것이다.

학부나 박사 과정 등 기간이 오래 걸리는 공부를 하는 경우 집을 렌트하는 것보다 구입하는 편이 나을 수도 있다. 내 경우에도 4년이 넘게 미국에서 살며 지불한 렌트비는 전체 유학 비용의 3분의 1이 넘는 수준이었다.

중고차를 구입한다면 딜러숍에서 사는 것보다는 개인간의 거래가 비용을 아끼는 데 유리하다. 일단 딜러숍은 가격 흥정 자체가 쉽지 않다. 그리고 가능하다면 자동차에 대해 잘 아는 사람과 동행해서 자동차의 전체적인 상태에 이상이 없는지를 테스트해보는 것도 좋다. 자동차 보험료도 보험 에이전시를 돌아다니다 보면 가격을 아낄수 있다. 은행 계좌 계설 시에도 은행간의 이자율, 송금할 때 드는 비용 등을 비교하기 바란다. 예치한 금액에 따라 다르지만, 월 몇십 달러 정도는 아낄 수 있을 것이다.

장학금에 생활비 절약 노하우까지 쌓인다면, 돈 없어서 유학 못간

어학연수, 가지마라

다는 것은 핑계에 불과할 것이다.

요즘은 연락이 끊겼던 친구들의 소식을 종종 접하게 되는데 '게임 음악 한답시고 돌아다녔던 친구는 메이저 게임사의 음악 디렉터로 잘 나간다'와 같은 화제가 종종 귀에 들어온다. 많은 친구들이 그를 부러워하는 것은 높은 연봉이 아니다. 자기가 하고 싶은 일, 그리고 꿈을 이루기 위해 모험을 택할 수 있었던 '용기'였다. 실패를 두려워하거나 남의 눈을 의식하거나 하는 일은 하지 말아야 할 것이다.

강의 도중 학생들에게 들려주는 이야기가 있다. "인생에서 올라갈 수 있는 범위를 정해놓으면, 그 이상 올라갈 수 없다"는 것이다. 내가 직장 생활을 그만 두고 사업을 시작하기로 결심을 했을 때, 주위에서 많은 반대를 했다. 하지만 조직은 나를 끝까지 지켜주지 않는다는 생각으로, 그리고 나의 꿈을 펼쳐보자는 생각으로 새로운 출발을 했다. 다만 현실은 실패에 대해 냉혹하므로, 이 책이 여러분의 시행착오를 줄이는 데 도움이 되길 바라며 글을 마친다.

아쉬운 점이 두 가지 있다. 하나는 기대했던 만큼의 퀄리티가 나오지 않았다는 것이다. 이력서나 인터뷰 노하우, 유학 정보, 커리어 계발 등과 관련된 수없이 많은 책들을 봐왔지만, 이 모든 것들을 담은 책은 발견하기가 어려웠다. 나의 목표는 이 모든 것들을 '한 권에 담은 책'을 만들어보는 것이었다. 이를 위해 유학 에세이 컨설팅과 헤드헌팅 등 소위 '밥벌이'와 관련된 일의 상당 부분을 제껴놓은 채 작업을 했지만, 기존의 책에는 많이 담기지 않았던 정보들에 대해 상대적으로 많은 지면을 할애한 것으로 만족해야만 했다.

다른 하나는, 서두에 가감 없이 생각을 밝히겠다고 다짐했지만, 교정 작업을 마친 후 다시 보면 볼수록 좀더 솔직하게 표현하지 못한 부분이 많다는 점이다. 이 책을 읽는 분들은 '직장도 세습한다'와 같은 표현이 다소 과격하다고 느끼실지 모르겠지만, 더 심한 표현이 어울리는 상황도 꽤 접했다. 하지만 이 정도로 끝낸 이유는 여러분 모두가 이런 사실들을 너무나 잘 알고 있기 때문이다. 그리고 진정한 글로벌 시대를 살아가야 하는 여러분들에게 이러한 이슈는 아무것도 아니기 때문이다.

두 번째 원고 수정을 마칠 무렵이었다. 아이와 가끔 함께 보는 우주에 관한 동영상에서 다음과 같은 문장을 보았다.

"We are not the center of the universe…"

그렇다. 지구의 모래알보다도 더 많은 별들 속에서 우리는 아무것도 아니다. 그럼에도 우리는 무언가 대단한 것들을 이루려고 매일, 매시간 새로운 일에 도전한다. 나는 한국의 젊은이들이 지금보다 훨씬 원대한 비전을 가지고 살았으면 한다. 상담을 할 때나 특강을 할 때, 그리고 수업 후 학생들과 소주 한잔 할 때마다 가장 아쉽게 느껴지는 점이었다. 지면상 생략했지만, 어려운 난관을 헤치고 글로벌 무대에서 성공적인 삶을 헤쳐나간 한국인들은 수도 없이 많다.

한 가지만 덧붙이자면, 커리어를 쌓아나갈 때 한 곳으로 몰리지 말라는 것이다. 앞에서도 언급했지만, 남에게 좋은 것이 나에게 좋은 것은 결코 아니다. 세상에는 무수히 많은 커리어가 있고, 시장 상황에 따라 특정 직종의 인기도 변하게 마련이다. 한 분야에서 최고가 되자는 생각으로 정진하면 최후의 승자가 되리라는 사실, 잊지 말기 바란다.

작년 여름이 생각난다. 지인의 소개로 이콘출판을 찾았을 무렵만 해도 세 달 정도면 완결을 지을 것이라고 생각했지만, 어느덧 열 달이 넘었다. 김승관 편집장은 질책보다는 격려로 대해주었고, 궁금한 게 있을 때마다 아낌 없는 조언을 주었다. 덕분에 전화통에 불이 나는 유학 시즌임에도 불구, 출판단지의 고즈넉한 분위기에서 글을 쓰는 것과 같은 편안한 마음으로 작업을 마무리할 수 있었다. 입장이 바뀌었다면 나는 절대로 그렇게 하지 못했을 것이다. 이 공간을 빌려 김승관 편집장에게 진심으로 감사의 말을 전한다.

부족한 콘텐츠를 메우는 데 많은 도움을 주신 분들께는 존함을 지면에 포함하는 것으로 감사의 마음을 갈음하고자 한다. 출판을 독려해준 백종수 귀우, 그리고 카페의 회원님들께도 이 자리를 빌어 진심으로 감사의 말씀을 드린다. 마지막으로 일을 핑계로 자주 찾아뵙지 못한 부모님, 그리고 늦은 귀가에 밤잠을 설쳐도 항상 웃는 얼굴로 대해주는 아내와 아들 준성에게 사랑한다는 말을 전하고 싶다.

이 책을 읽은 후, 여러분의 인생이 감동적인 스토리로 가득 채워질 수 있길 바란다.

마치며

어학연수 가지 마라

ⓒ 안홍석 2010

초판인쇄	2010년 4월 19일
초판발행	2010년 4월 28일

지 은 이	안홍석
펴 낸 이	김승욱
편　　집	김승관 김민영
디 자 인	엄혜리 김은희
마 케 팅	이숙재
펴 낸 곳	이콘출판(주)
출판등록	2003년 3월 12일 제406-2003-059호

주　　소	413-756 경기도 파주시 교하읍 문발리 파주출판도시 513-8
전자우편	book@econbook.com
전화번호	031)955-7979
팩　　스	031)955-8855

ISBN 978-89-90831-81-1 13320

이 도서의 국립중앙도서관 출판시도서목록(CIP)은 e-CIP 홈페이지(http://www.nl.go.kr/ecip)에서
이용하실 수 있습니다.(CIP제어번호: CIP2010001374)